DOBRE SEUS RESULTADOS

Implemente estratégia, alto desempenho,
liderança e decisão profissional

2ª EDIÇÃO

Carlos Caixeta

DOBRE SEUS RESULTADOS

Implemente estratégia, alto desempenho,
liderança e decisão profissional

2ª EDIÇÃO

Copyright © 2018 by Editora Letramento

Diretor Editorial | **Gustavo Abreu**

Diretor Administrativo | **Júnior Gaudereto**

Diretor Financeiro | **Cláudio Macedo**

Logística | **Vinícius Santiago**

Revisão | **Nathan Matos**

Capa | **Gustavo Zeferino e Luís Otávio**

Projeto Gráfico e Diagramação | **Gustavo Zeferino**

Referência para citação:

CAIXETA, C. Dobre seus resultados : implemente estratégia, alto desempenho, liderança e decisão profissional, 2ª Ed.. Belo Horizonte(MG): Letramento, 2018.

Dados Internacionais de Catalogação na Publicação (CIP)
Bibliotecária Juliana Farias Motta CRB7/5880

C138d Caixeta, Carlos

Dobre seus resultados : implemente estratégia, alto
desempenho, liderança e decisão profissional / Carlos Caixeta.
– 2.ed – Belo Horizonte(MG): Letramento, 2018.

222 p.; 23 cm.

ISBN: 978-85-9530-176-4

1. Planejamento estratégico.2. Previsão de negócios.
3. Desenvolvimento organizacional – Administração.

CDD 658.4012

Belo Horizonte - MG
Rua Magnólia, 1086
Bairro Caiçara
CEP 30770-020
Fone 31 3327-5771
contato@editoraletramento.com.br
grupoeditorialletramento.com
casadodireito.com

Alpha é o selo de negócios do
Grupo Editorial Letramento

SUMÁRIO

INTRODUÇÃO   **13**

1.   GESTÃO ESTRATÉGICA   **17**

1.1.   ESTRATÉGIA E PLANEJAMENTO ESTRATÉGICO   18

1.2.   ESTRATÉGIAS EMPRESARIAIS   21

1.3.   PLANEJAMENTO TRADICIONAL X PLANEJAMENTO E GESTÃO ESTRATÉGICA   23

1.4.   PLANEJAMENTO DE NOVOS NEGÓCIOS, PARA EXPANDIR AS RECEITAS   25

1.4.1.   Estratégia de Crescimento Intensivo   25

1.4.2.   Estratégia de Crescimento Integrativo   25

1.4.3.   Estratégia de Crescimento por Diversificação   26

1.4.4.   Redução de Negócios Superados   26

1.5.   ESTRATÉGIA GERAL DO NEGÓCIO   26

1.5.1.   Estratégia Geral: Excelência Operacional   27

1.5.2.   Estratégia Geral: Liderança em Produtos   28

1.5.3.   Estratégia Geral: Intimidade com o Cliente   30

1.6.   OS "NORTEADORES": VISÃO, MISSÃO, VALORES E NEGÓCIO   33

1.6.1.   Exemplo de Missão, Valores, Negócio e Visão de Futuro   35

1.7.   FATORES-CHAVE DE SUCESSO   37

1.8.   ANÁLISE *SWOT*   *39*

1.8.1.   Análise Interna   41

1.8.2.   Análise Externa: Macroambiente   42

1.8.3. Análise Externa: Microambiente 45

1.8.4. Matriz Swot: Direcionadora
dos objetivos estratégicos 47

1.9. OBJETIVOS ESTRATÉGICOS 48

1.10. AÇÕES DE EXECUÇÃO: DETALHAMENTO 49

**2. POSICIONAMENTO
ESTRATÉGICO DE MERCADO 51**

2.1. PASSOS PARA O POSICIONAMENTO 54

2.2. ESTRATÉGIAS DE POSICIONAMENTO 55

2.2.1. Posicionamento por baixo preço 56

2.2.2. Posicionamento por alta qualidade e design 57

2.2.3. Posicionamento por inovação 58

2.2.4. Posicionamento por serviço superior 59

2.2.5. Posicionamento por diferenciação de benefícios 60

2.2.6. Posicionamento customizado
(soluções específicas) 61

2.2.7. Posicionamento dinâmico 62

**3. CONSTRUA E FORTALEÇA
SUA REPUTAÇÃO CORPORATIVA 63**

**4. PILARES PARA O SUCESSO DA
SUA ESTRATÉGIA E NEGÓCIO 71**

**5. GESTÃO ESTRATÉGICA REFERÊNCIA
MUNDIAL: CASO 3G CAPITAL (AMBEV) 81**

**6. INTELIGÊNCIA DE MERCADO E
DINAMISMO ESTRATÉGICO 87**

6.1.	MISSÃO E BENEFÍCIOS DA ÁREA DE INTELIGÊNCIA DE MERCADO	89
7.	**INDICADORES DE DESEMPENHO**	**93**
7.1.	INDICADORES RELATIVOS A CLIENTES E MERCADOS	94
7.2.	INDICADORES RELATIVOS A PRODUTOS E SERVIÇOS – INOVAÇÃO, PRODUÇÃO, OPERAÇÃO E FABRICAÇÃO	95
7.3.	INDICADORES RELATIVOS AOS RESULTADOS ECONÔMICO-FINANCEIROS	96
7.4.	INDICADORES RELATIVOS A PESSOAS – RECURSOS HUMANOS E LIDERANÇA	97
7.5.	INDICADORES RELATIVOS A FORNECEDORES	98
7.6.	INDICADORES RELATIVOS À SOCIEDADE – RESPONSABILIDADE SOCIAL	98
7.7.	INDICADORES RELATIVOS A VALORES E ESTRATÉGIAS ORGANIZACIONAIS	99
7.8.	INDICADORES RELATIVOS À CADEIA LOGÍSTICA	100
8.	**PRINCIPAIS FERRAMENTAS DA GESTÃO PROFISSIONAL**	**103**
8.1.	DRE GERENCIAL	104
8.2.	CICLO PDCA: PLANEJAR, EXECUTAR, CHECAR E AGIR	104
8.3.	ANÁLISE FCA: FATO, CAUSAS E AÇÕES	105
8.4.	PLANO DE AÇÃO / EXECUÇÃO 5WS 3HS	107
8.5.	RELATÓRIO DE INTERAÇÃO	109
8.6.	*TIME SHEET*	*110*
8.7.	CRONOGRAMA DE ATIVIDADES	110

8.8.	PAINEL DE RESULTADOS OU PAINEL DE BORDO	111
8.9.	*FEEDBACKS* ESTRUTURADOS	114
9.	**GESTÃO DA MUDANÇA PARA O ALTO DESEMPENHO**	**117**
10.	**ALTÍSSIMO DESEMPENHO: CASO DAS FORÇAS DE OPERAÇÕES ESPECIAIS DOS ESTADOS UNIDOS (SEALS)**	**129**
11.	**LIDERANÇA E DECISÃO: PROATIVIDADE, RESPONSABILIDADE E EXEMPLO**	**135**
11.1.	INTELIGÊNCIA E CORAGEM PARA DECIDIR: COMO O IMPERADOR JÚLIO CÉSAR, "ATRAVESSE O RUBICÃO"	137
11.2.	COMPETÊNCIAS DO LÍDER EM AÇÃO: ALTO DESEMPENHO	140
11.3.	DEVERES DO LÍDER EM AÇÃO	142
11.4.	TAREFAS E ENTREGAS BÁSICAS DO LÍDER EM AÇÃO	143
12.	**FUNDAMENTOS DA EQUIPE DE ALTO DESEMPENHO**	**145**
12.1.	MANUAL DA "HIPERPRODUTIVIDADE"	148
12.2.	DICAS PARA O BOM RELACIONAMENTO INTERPESSOAL	151
13.	**DESMITIFICANDO A INOVAÇÃO: INOVAR NA MEDIDA CERTA**	**153**
13.1.	ESTIMULE A INOVAÇÃO	157
14.	**O CAMINHO DO COLAPSO, EVITE-O OU PREPARE-SE PARA O PIOR**	**161**

15. MATURIDADE EMOCIONAL: DECISÕES PROFISSIONAIS, PROSPERIDADE PROFISSIONAL E PESSOAL 167

16. NEGOCIE COM INTELIGÊNICIA E CONSCIÊNCIA 173

16.1. ETAPAS DO PROCESSO DE NEGOCIÇÃO 174

16.1.1. Definição clara dos objetivos, "MAANA" e "ZOPA" 175

16.1.2. Preparação 176

16.1.3. Abertura 177

16.1.4. Exploração e aprofundamento 177

16.1.5. Acordo 177

16.1.6. Avaliação para aperfeiçoamento 178

16.2. O NEGOCIADOR COMPLETO 178

16.3. NEGOCIÇÕES EXTREMAS: CASOS REAIS NO AFEGANISTÃO 181

16.3.1. Primeira Estratégia: entenda o quadro geral 182

16.3.2. Segunda Estratégia: Informe-se e colabore 184

16.3.3. Terceira Estratégia: obtenha apoio de verdade 186

16.3.4. Quarta Estratégia: primeiro conquiste confiança 187

16.3.5. Quinta Estratégia: atente para o processo 189

17. NEGOCIAÇÃO E PERSUASÃO AVANÇADAS: INFLUENCIE PODEROSAMENTE PARA DOBRAR SEUS RESULTADOS 193

17.1. OS "8 TIPOS MAIS COMUNS" DE SERES-HUMANOS 194

17.1.1. O tipo *"Raciocínio Lento"* 194

17.1.2. O tipo *"Bem-Humorado e Amigão"* 195

17.1.3. O tipo *"Importante e Presunçoso"*   *195*

17.1.4. O tipo *"Descuidado e Confuso"*   *196*

17.1.5. O tipo *"Desconfiado e Curioso"*   *197*

17.1.6. O tipo *"Bem preparado e Inteligente"*   *197*

17.1.7. O tipo *"Tímido e Calado"*   *198*

17.1.8. O tipo *"Briguento e Irritado"*   *199*

17.2.   A CIÊNCIA E O PODER DA PERSUASÃO: INFLUENCIAÇÃO PODEROSA PARA RESULTADOS PODEROSOS   200

17.2.1. Princípio 1: Reciprocidade   203

17.2.2. Princípio 2: Coerência e Compromisso   204

17.2.3. Princípio 3: Aprovação Social   206

17.2.4. Princípio 4: Afeição   207

17.2.5. Princípio 5: Autoridade   210

17.2.6. Princípio 6: Escassez   211

18.   *CHECKLIST* FINAL   **213**

REFERÊNCIAS   **217**

Agradeço a Deus pela força e inspiração. Agradeço em especial à minha família, pelo sempre carinho e apoio.

INTRODUÇÃO

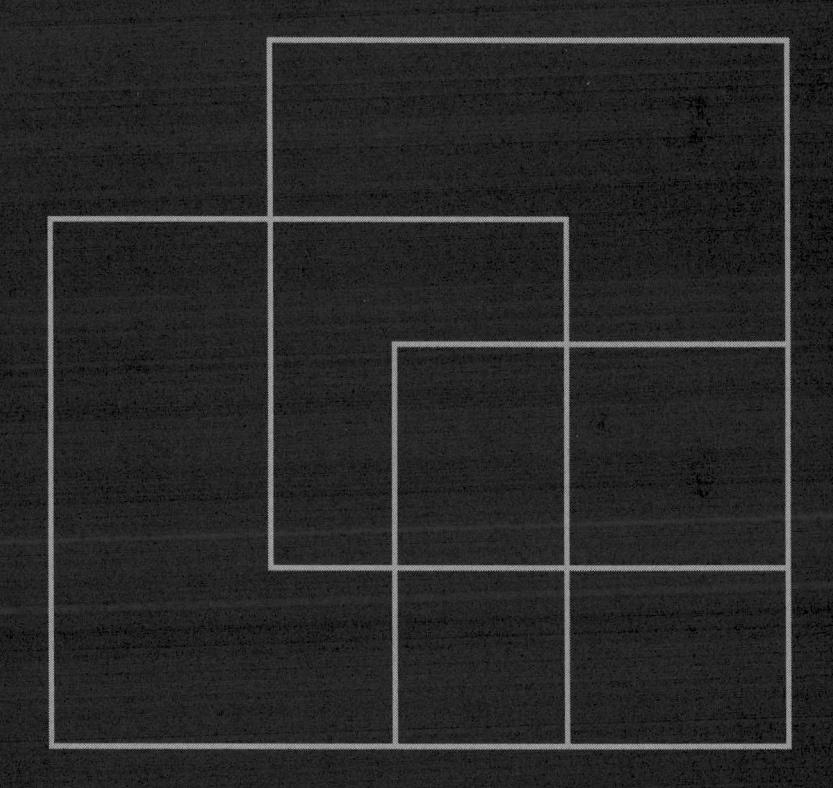

Este livro deve ser lido por quem está comprometido com o sucesso e quer fazer de modo consistente seus resultados aumentarem, focado na prosperidade dos seus negócios e suas atividades: aumento das receitas e lucros, redução dos custos e despesas, fortalecimento da reputação e marca, aumento da satisfação e confiança dos clientes, responsabilidade social, alto comprometimento dos líderes e colaboradores, ganhos em eficiência operacional, relevância e propósito de ações e projetos, alianças e parcerias de sucesso etc. Definir claramente os resultados prioritários, trabalhando e perseguindo-os arduamente, é o primeiro passo para o grande salto transformador da realidade pessoal e profissional!

Não é um livro "conceitual expositivo" e, sim, um livro dinâmico e prático baseado no saber, no saber fazer e no compartilhamento das experiências de sucesso. Utiliza uma linguagem fácil, com abordagens e dicas que realmente funcionam, testadas em centenas de organizações privadas e públicas, de variados portes e setores, referências em suas respectivas áreas. Ao longo da minha carreira profissional, iniciada em 1996, tive a oportunidade de conviver e aprender com muitos especialistas, professores e empresários muito experientes no Brasil e exterior. Fui executivo de empresas de telecomunicações, bancos, indústrias, logística, energia, construção civil e atuei como consultor para mais de 150 empresas. Como professor e palestrante, estudei profundamente centenas de empresas de alto desempenho e apoiei na formação de mais de 15.000 líderes e profissionais nas escolas de negócios mais respeitadas do país.

Aqui estão temas centrais e ferramentas relacionadas ao planejamento e à gestão estratégica, indicadores e metas, técnicas de gestão, fortalecimento da cultura organizacional, lideranças e equipes de alto desempenho, análises e decisões profissionais, inovação na medida certa, gestão da mudança, lucratividade, inteligência de mercado, reputação, casos de sucesso e fracasso, principais erros nos negócios e com evitá-los, apresentados de maneira que qualquer pessoa consegue compreender e fazer... O resultado vem da ação e não da intenção!

A abordagem é dinâmica e atual, com exemplos e recomendações pragmáticas, integrando os assuntos a conteúdos digitais e ferramentas práticas. São iniciativas ajustáveis a todos os orçamentos e modelos de negócios, mesmo para as *startups*. Disponibilizo no site www.carloscaixeta. com.br modelos fáceis de implementar, exatamente para que a execução garanta o maior sucesso no crescimento dos seus resultados.

Ficarei feliz quando você adquirir esse livro, por ter contribuído para sua prosperidade profissional e pessoal. Ficarei mais feliz ainda quando você se juntar à nossa rede de excelência (www.facebook.com/carloscaixetaonline) e contar as suas experiências confirmando que seus resultados de fato aumentaram significativamente, como em muitos relatos que recebo mensalmente! Esses retornos positivos, vindos de todos que se empenham em seguir as recomendações desse livro, com os quais também tenho aprendido muito nos últimos anos, me honram e incentivam a continuar a caminhada. Convido-lhe para caminharmos lado a lado e ler também o livro "Dobre Suas Receitas e Fortaleça Sua Reputação: estratégia, vendas, marketing e persuasão", evoluindo e prosperando continuamente. Decida e siga em frente para o desafio de dobrar seus resultados! Estamos juntos.

1. GESTÃO ESTRATÉGICA

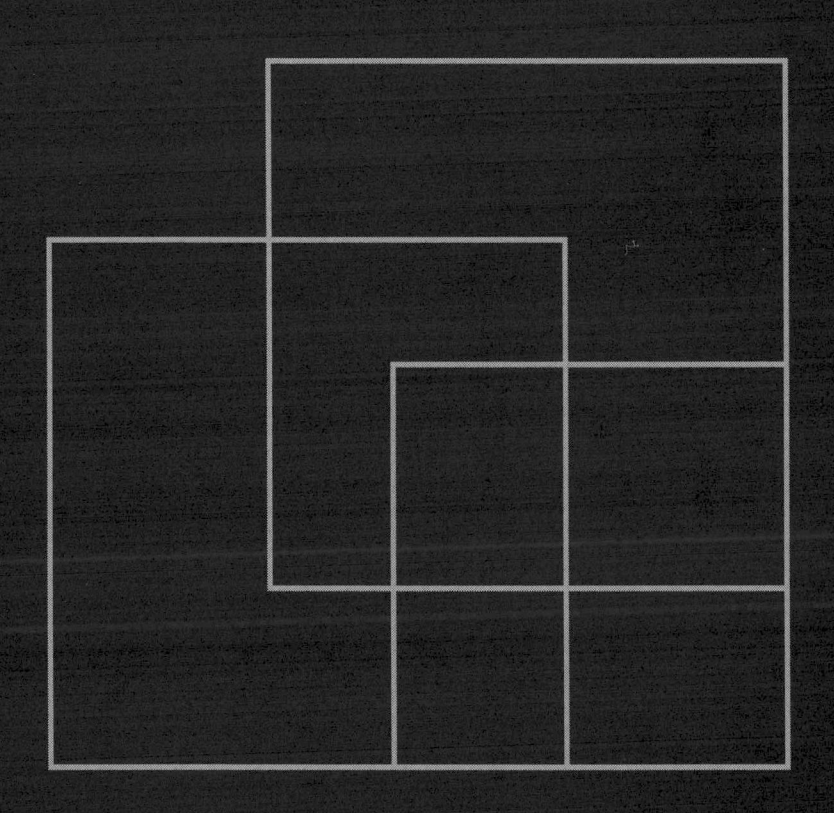

— Gatinho amigo, que caminho devo seguir?

— Para onde você quer ir?

— Para qualquer lugar...

— Ah... então qualquer caminho serve!

(Em *Alice no País das Maravilhas*)

1.1. ESTRATÉGIA E PLANEJAMENTO ESTRATÉGICO

Há dois tipos de empresas: as que evoluem e as que desaparecem... Há três perfis de organizações: as que se espantam com o que aconteceu (deslumbradas), as que observam as coisas acontecerem (passivas) e as que fazem as coisas acontecerem (ativas).

O primeiro passo para que você consiga dobrar seus resultados de modo consistente é implementar uma gestão profissional e criar um senso de prioridade, um propósito essencial e direcionador de todos. A definição dos resultados prioritários buscados pela organização são as alavancas da sinergia, eficiência, atração e retenção de talentos, desempenho operacional e financeiro, lucratividade e reputação. Muitos empresários e profissionais definem para onde querem ir sem saber onde estão ou como estão, e acabam perdendo-se no caminho porque não avaliaram corretamente a sua situação, a sua capacidade e potencial de realização.

Sendo assim, vale a pena estabelecer pausas programadas para pensar no presente e futuro dos seus negócios e atividades, reunindo os principais funcionários e especialistas, levantando informações relativas ao desempenho da empresa, setor e seus concorrentes. Várias cabeças contribuem melhor e mais eficazmente quando estão focadas num mesmo objetivo! As atitudes que você toma antes da tempestade começar são o melhor parâmetro para determinar como será seu desempenho quando ela efetivamente vier a desabar. Aqueles que deixam de planejar e de se preparar com antecedência, para a instabilidade e o caos, tendem a sofrer mais quando seus ambientes mudam da estabilidade para a turbulência.

Estratégia deriva do grego *estratego* que significa o cargo do comandante de uma armada, de uma espécie de ministro da guerra na antiga Atenas ou do pretor em Roma, manobra ou artifício militar. Empresarialmente, estratégia é a busca permanente de vantagens competitivas sustentáveis, por meio de um conjunto de decisões integradas e coerentes, definindo e comunicando a Visão em termos dos objetivos a longo prazo, a Missão como propósito imediato, os Valores como norteadores das atitudes e o Negócio como os principais benefícios buscados pelos clientes e entregues pela empresa. Detalha os programas de ação e recursos disponíveis para a criação de valor para todos os grupos de interesse: sócios, acionistas, clientes, funcionários, fornecedores, meio-ambiente, mídia, terceirizados, governos etc. Representa a definição do caminho mais adequado a ser seguido, para alcançar uma situação desejada no presente e futuro.

A seguir estão as perguntas direcionadoras da estratégia. Reúna os seus melhores profissionais, de dentro e de fora da empresa, discuta cada uma das perguntas abaixo e elabore as respostas de forma franca:

- Como podemos entregar um novo valor aos nossos clientes?
- Quem não é cliente e deveria ser?
- Quais as melhores formas de alavancar nossos ativos constituídos pela marca, reputação e base de clientes atual?
- Como devemos ser melhores e nos defendermos dos ataques de concorrentes?
- De quais novas capacitações necessitamos?
- Nossas fontes de receita atuais serão suficientes para o futuro?
- Como podemos vender mais? Ganhar maior fatia de mercado? Aumentar a produtividade?
- Onde podemos aplicar nossas atuais e novas tecnologias?
- Nossa proposição de valor é percebida como superior?
- De que forma as necessidades e desejos dos nossos clientes estão mudando?
- Quais novos concorrentes estão antecipando e atendendo essas necessidades?
- Existem outras alternativas para os clientes?

Para o desenvolvimento e a implementação da estratégia, uma das ferramentas mais utilizadas é o planejamento estratégico, que analisa e detalha a execução dos resultados prioritários escolhidos. Após definir o programa geral de ações de melhorias internas e externas, deve-se elaborar os planos específicos de cada área: recursos humanos, logística, engenharia, tecnologia da informação, marketing e vendas, finanças e demais.

Abaixo, são listados os comportamentos associados a bons resultados na elaboração, execução e decisões profissionais para o sucesso da estratégia. Discutiremos todos ao longo do livro:

- Hipervigilância e preocupação constante com mudanças que podem sinalizar perigo, permitindo o reconhecimento precoce das ameaças.

- Ajuste na velocidade da tomada de decisão ao ritmo dos eventos: ir devagar quando possível, ser rápido quando necessário.

- Tomadas de decisão de forma profissional, baseadas em fatos, dados e evidências.

- Pensamento altamente disciplinado pela estratégia, inteligente para buscar soluções e identificar oportunidades, independentemente da velocidade.

- Foco na excelência da execução, uma vez tomadas as decisões. Intensidade aumentada conforme necessário, para atender às demandas de tempo, sem comprometer a excelência.

Agora os comportamentos associados aos maus resultados na elaboração, execução e decisões para o sucesso da estratégia:

- Arrogância, minimização ou ignorância do significado potencial das mudanças, reconhecendo tardiamente as ameaças.

- Falha em ajustar a velocidade da tomada de decisão ao ritmo dos eventos: tomada de decisão muito lenta ou muito rápida, dependendo da situação.

- Tomadas de decisão reativas e impulsivas, desconectadas dos resultados prioritários.

- Pensamento pouco disciplinado e com baixo rigor estratégico, perdendo continuamente o foco.

- Excelência da execução prejudicada pela velocidade. Falha em aumentar a intensidade para garantir a excelência da execução, quando agir rápido é necessário.

Infelizmente uma parcela significativa dos planejamentos não obtêm o sucesso esperado... Estudos recentes e a experiência prática demonstram que a maior parte dos fracassos decorrentes das falhas da estratégia não se deve ao plano em si, e sim à má gestão da execução do planejado. Por essa razão, o monitoramento estratégico deve ser entregue a colaboradores com muita disciplina na execução, flexibilidade inteligente para fazer as mudanças necessárias, senso de urgência, coragem para seguir adiante e humildade para aprender e reaprender sempre.

1.2. ESTRATÉGIAS EMPRESARIAIS

A organização deve desenvolver uma estratégia que seja diferente e difícil de ser copiada, para obter sucesso na execução do seu planejamento. As empresas que identificam mercados com necessidades que podem atender de maneira diferenciada e que seja percebida pelo cliente, geralmente têm estratégias que podem promover seu crescimento.

Quando surgiu no mercado, a GOL Linhas Aéreas era dirigida de maneira diferente das empresas concorrentes e oferecia um produto com várias características que o mercado desejava, além de menor preço. Percebeu, antes dos concorrentes, alguns fatos interessantes, como a baixa valorização da alimentação, por parte dos passageiros. Partindo desta premissa cortou vários custos associados a esse serviço, que pouco agradavam mas custavam caro. Tornou seu voo mais ágil e limpo, passando mais tempo voando e reduzindo seus custos. Quanto à segurança, benefício desejado por todos os passageiros, investiu e divulgou que possuía a "frota mais nova do país". A palavra "segurança" não deve ser explicitada quando se trata de voar, pois realça o medo que ainda sentimos ao nos imaginar voando... Melhor manutenção preventiva e reativa, frota nova, pilotos mais experientes, equipe treinada para agilizar tudo no ar, menor tempo de permanência no solo, aviões do mesmo modelo para facilitar as manutenções, site ágil para estimular as compras e *check in* online etc. Essa estratégia produziu um efeito melhor e duradouro para o negócio.

A americana Harley Davidson, além das motocicletas, promove excursões e corridas para a comunidade que usa seus produtos, criando o estilo de vida Harley Davidson com roupas, jaquetas, relógios e restaurantes com sua marca.

A Apple estrategicamente escolheu ser uma empresa diferente ao competir no seu mercado, estruturando um modelo de negócio focado na premissa de que os computadores pessoais devem ser atraentes no design, simples e inteligentes com softwares capazes de gerar interfaces gráficas envolventes e sedutoras. Buscou implementar a ideia de que "os computadores podem ser divertidos e amigáveis".

O Google, em 1998, fez a ousada escolha estratégica de apostar no mercado de buscas na Internet com um modelo de negócio inovador e dinâmico, estimulando inovações radicais para tornar-se cada vez mais relevante. Aperfeiçoou-o ao longo do tempo, incluiu serviços complementares e rapidamente superou o pioneiro Alta Vista, que acabou sendo comprado pelo Yahoo em 2003.

A Intel mantém 10 eixos estratégicos desde 1985, primando pela especificidade, consistência e método, aprimorando seus projetos e ações em torno deles:

- Eixo estratégico 1: Concentração em eletrônicos integrados, que oferecem ao consumidor todas as funções como unidades que não podem ser reduzidas. Foco nos microprocessadores.

- Eixo estratégico 2: Reafirmação da Lei de Moore: duplicar a complexidade de componentes por circuito integrado com custo mínimo em cada período de 18 meses a dois anos.

- Eixo estratégico 3: Atingimento da Lei de Moore por meio do aumento da capacidade do chip e redução dos defeitos aleatórios, inovações no circuito para maior densidade funcional e redução das unidades do circuito.

- Eixo estratégico 4: Desenvolvimento contínuo da próxima geração de chips, de modo a criar uma zona sem concorrência. Desenvolvimento de chips que os consumidores precisam ter, porque a Intel dispões de um produto melhor do que a geração anterior e estabeleceu um padrão no setor. Maximização dos benefícios da zona sem concorrência num ciclo de 4 etapas: (a) aplicar preço alto no início do ciclo, (b) ganhar volume e abaixar o custo unitário, (c) reduzir o preço quando a concorrência entrar e continuar a baixar o custo unitário; (d) concentrar os investimentos na próxima geração de chips, para criar a próxima zona sem concorrência.

- Eixo estratégico 5: Padronização da fabricação nos menores detalhes, encarando a fabricação de circuitos integrados como se fosse uma linha de produção de "balas de goma de alta tecnologia".

- Eixo estratégico 6: Reforço da reputação afinada com o posicionamento mercadológico cujo *slogan* é "Intel entrega" – Intel funciona, entrega resultados. Ampliação da base de clientes pela conquista da confiança de que sempre cumprirá as promessas, os compromissos de produção e de preço – segredo para conquistar e manter um padrão referencial no setor.

- Eixo estratégico 7: Não atacar uma montanha fortificada, evitando mercados com concorrência forte e encarniçada, típica de "oceanos vermelhos"[1].

- Eixo estratégico 8: Prática do confronto construtivo, discordando e debatendo profissionalmente para o melhor resultado, independentemente de cargos. Quando uma decisão for tomada, total comprometimento com sua execução.

- Eixo estratégico 9: Mensuração de tudo, com indicadores de desempenho, metas e visibilidade dos resultados.

- Eixo estratégico 10: Continuidade dos investimentos em pesquisa e desenvolvimento durante as recessões, para avançar com a tecnologia e deixar a concorrência para trás.

Para facilitar a definição e posterior implementação da sua estratégia, caminho para o aumento dos seus resultados, determine os 3Vs do seu negócio: 1) Alvo de Valor, 2) Proposição de Valor e 3) Rede de Valor. Consiste numa definição objetiva do seu mercado-alvo, suas necessidades/desejos e o conjunto dos benefícios dos produtos e serviços ofertados. Essa proposição de valor precisa ser diferenciada dos concorrentes e "na medida certa" para o seu mercado-alvo, estruturando também uma rede de fornecimento distintiva e completa para atender à proposição de valor oferecida.

1.3. PLANEJAMENTO TRADICIONAL X PLANEJAMENTO E GESTÃO ESTRATÉGICA

No planejamento tradicional, presume-se que todas as informações pertinentes estejam disponíveis no início do processo, muito comum até a década de 70 do século passado. Com todas as informações em mãos, o planejamento era elaborado e permanecia por largos anos sem alterações. A economia era mais estável e as mudanças eram lentas.

---

1   "Oceanos vermelhos" são mercados saturados de concorrentes, tendendo para uma competição por redução de preços e margens de lucro, onde para conquistar mercado a empresa precisa tomar espaço de um competidor.

A globalização provocou a interligações entre as economias dos diversos países e as repercussões, negativas ou positivas, que são rapidamente disseminadas. Aliada a isso, a comunicação e as propagandas, tradicionais e digitais, divulgaram benefícios e qualidades de novos produtos de maneira ampla, disseminando e acirrando a competição entre empresas de vários setores, países, estados e cidades.

Por essa razão, os dados usados nos planejamentos tradicionais tornam-se voláteis, com curto período de vida. Surgiu então o planejamento estratégico em 6 etapas (figura 1), idealizado para agir com proatividade e explorar novas informações, periodicamente. Trata-se de um planejamento dinâmico e mais adequado a um mundo instável, onde a mudança é a principal característica, onde a empresa, independente se pequena, média ou grande, precisa ser leve e ágil para provocar e se adequar com rapidez às mudanças.

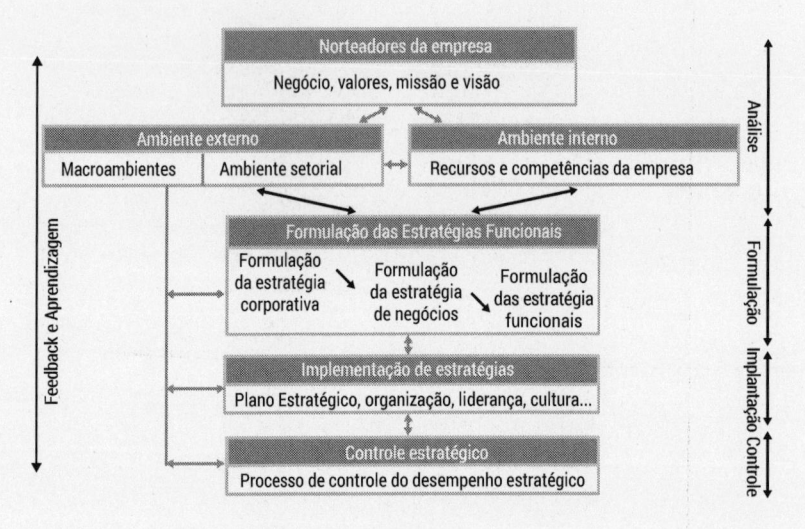

Figura 1: Adaptação do autor, Fundação Dom Cabral e Harvard Business Review.

Mas um bom planejamento estratégico já não é mais suficiente, é preciso ter uma *gestão estratégica*, onde todas as áreas, estruturas, líderes e equipes se empenham e fazem as mudanças necessárias ao sucesso da estratégia. Os programas de desenvolvimento das lideranças, as rotinas e os processos, os critérios de investimentos, os treinamentos funcionais, as remunerações e as bonificações, as estruturas hierárquicas, as alianças e as parcerias, os indicadores e as metas de desempenho, enfim, tudo precisa ser aperfeiçoado para reforçar os resultados prioritários definidos pelo planejamento estratégico. O grande desafio é implementar uma gestão estratégica, e muito poucas empresas conseguem alcançar esse nível... você estará entre elas se seguir com disciplina as recomendações e ferramentas recomendadas por esse livro.

1.4. PLANEJAMENTO DE NOVOS NEGÓCIOS, PARA EXPANDIR AS RECEITAS

Um bom planejamento estratégico permitirá também definir como a empresa aumentará sua participação no mercado, vendendo mais e aumentando as receitas. São três caminhos, explicados a seguir: estratégia de crescimento intensivo, estratégia de crescimento integrativo, estratégia de crescimento por diversificação e redução de negócios superados.

1.4.1. Estratégia de Crescimento Intensivo

Consiste na busca melhorar o desempenho dos negócios existentes por meio da procura de novos mercados para os mesmos produtos, novos produtos para os mercados atuais ou desenvolvendo novos produtos e novos mercados. O quadro abaixo apresenta as opções de desenvolvimento através do crescimento intensivo.

		Produtos	
		Atuais	Novos
Mercados	Atuais	Penetração de mercado	Desenvolvimento de produtos
	Novos	Desenvolvimento de mercados	Diversificação

1.4.2. Estratégia de Crescimento Integrativo

Busca promover a integração com o setor do qual faz parte, por meio da aquisição de um ou mais dos seus fornecedores (integração para trás), aquisição de atacadistas ou distribuidores do seu produto (integração para frente) ou através da aquisição de concorrentes (integração horizontal). Se o volume de vendas continuar insuficiente, a empresa deve considerar o crescimento a partir da diversificação de mercado, entrando em novos negócios.

1.4.3. Estratégia de Crescimento por Diversificação

Se as opções anteriores não atenderam à demanda para ampliação das vendas e lucros, resta a alternativa de diversificação. A empresa pode produzir algo que tenha semelhança tecnológica ou que pertença ao mesmo mercado do seu produto atual (estratégia de diversificação concêntrica); procurar novos produtos que atendam aos seus clientes atuais mesmo que não tenham relação tecnológica com sua linha atual (estratégia de diversificação horizontal) e, finalmente, procurar novos negócios sem relação com a sua tecnologia, seus produtos e mercados (estratégia de diversificação conglomerada).

1.4.4. Redução de Negócios Superados

A empresa precisa também enxugar sua estrutura reduzindo ou eliminando aqueles negócios que não estão dando os resultados esperados, liberando assim recursos para investimentos de melhor qualidade. Você deve providenciar uma estrutura de custos fixos e variáveis que possibilite identificar claramente a contribuição de cada produto para a formação do lucro, ou pelo menos para a amortização de parte dos custos fixos.

Pense nisso, pois nem sempre o que deu certo no passado continua dando certo no presente. O seu único apego deve ser à prosperidade!

1.5. ESTRATÉGIA GERAL DO NEGÓCIO

Definir a estratégia geral do negócio é o primeiro passo para direcionar o seu planejamento e gestão estratégica. Funciona como uma espécie de "estratégia guarda-chuva geral", que guiará as discussões sobre ideologia, norteadores, análise SWOT e o desenvolvimento do próprio modelo operacional de negócios.

Deixar de definir a estratégia geral pode trazer danos profundos ao negócio, como a falta de clareza no que investir, escolha de pessoas com perfil inadequado, lideranças desconectadas com a realidade, indicadores e metas inúteis e que não apoiam as decisões, baixa lucratividade e produtividade, seleção de mercados onde a dinâmica competitiva desfavorece o negócio, comunicação dispersa e pouco impactante, posicionamento equivocado ou confuso da marca, reputação fraca, dificuldade em identificar o que os clientes valorizam e baixa capacidade de inovação. Tudo isso provoca a conhecida sensação de que "trabalhamos demais, mas não saímos do lugar...".

Existem três estratégias gerais, de acordo com a forma de oferecer valor aos clientes: excelência operacional, liderança em produtos e intimidade com o cliente. A empresa precisa avaliar detalhadamente os fundamentos do negócio (interna e externamente) e escolher uma para ser a "estratégia guarda-chuva" que direcionará todo o resto.

Importante dizer que todas as empresas utilizam iniciativas relativas às três estratégias gerais, pois são importantes para os resultados, mas escolher uma significa que é a majoritária e as demais precisam se adaptar a ela. Não são excludentes e sim complementares. Apresento a seguir a explicação de cada estratégia geral, exemplos de empresas em cada uma delas e as características principais.

1.5.1. Estratégia Geral: Excelência Operacional

As empresas que escolheram como estratégia genérica a Excelência Operacional precisam ser excelentes em oferecer uma combinação de qualidade, preço e facilidade de compra inigualáveis no mercado. Não precisam ser inovadoras, em termos de produtos ou serviços, nem cultivar relacionamentos profundos com os clientes. Executam extraordinariamente bem suas atividades e sua proposição de valor aos clientes é a garantia de preço baixo, rapidez na entrega, produtos e serviços mais básicos e produzidos em grande escala.

Geralmente, essa estratégia geral é adequada a empresas que atuam com produtos de massa, padronização dos processos, opções prévias e limitadas, poucas opções de diferenciação e grandes volumes. Exemplos de empresas que escolheram a Excelência Operacional: Hertz, McDonald's, FedEx, Southwest Airlines, Gol, Vale, Wal-Mart, Cemig e Habib's.

Principais diretrizes da estratégia geral Excelência Operacional:

- Focalizar a eficiência do esforço e a coordenação. Oferecer produtos e serviços básicos, de baixo custo e em grandes volumes.

- Otimizar e agilizar todos os processos do negócio. Utilizar procedimentos operacionais eficientes e padronizados, incluindo os ativos físicos. Por exemplo, todas as lojas da Wal-Mart têm a mesma aparência e os aviões da Southwest Airlines são todos iguais.

- As equipes precisam funcionar como os "fuzileiros navais", onde todos conheçam as regras e saibam exatamente o que fazer. As pessoas devem seguir os procedimentos operacionais padrões e o trabalho em equipe ser altamente recompensado.

- Desenvolver relacionamentos estreitos e constantes com os fornecedores, tendo-os como parceiros no negócio. Por exemplo, a Wal-Mart implementou um processo de reabastecimento contínuo para que os fornecedores possam assumir a responsabilidade pelo controle de estoque de seus produtos nas lojas da Wal-Mart. O sistema reduz os custos tanto para a empresa quanto para os fornecedores.

- Desenvolver e manter sistemas de informação integrados, confiáveis e de alta velocidade, além de outras tecnologias a fim de obter maior eficiência e controle operacional. Por exemplo, os funcionários da Hertz e da FedEx usam tablets que Ihes permitem inserir e extrair informações críticas em sistemas hospedados na nuvem, seguros e acessíveis mundialmente.

- Combater sistematicamente o desperdício e recompensar a eficiência.

- Oferecer serviços básicos padronizados, rápidos e simples, evitando grande variedade, pois prejudica a eficiência. Por exemplo, a Southwest Airlines e a Gol não oferecem refeições de bordo e estimulam o *check-in* antecipado apenas pelo site. Para obter preços baixos e serviços confiáveis, os clientes adaptam seu comportamento ao eficiente padrão estabelecido pelas empresas.

- Gerenciar o negócio para assegurar um volume grande e consistente todos os dias, semanas e anos. As variações radicais de demanda de um produto ou serviços são considerados problemas operacionais importantes, que precisam ser corrigidos.

A empresa que escolheu a Excelência Operacional precisa investir continuamente no avanço das melhorias de todos os seus processos, aumento da eficiência, aplicação da tecnologia e gerência enfocada em controles metódicos. O segredo do sucesso nessa estratégia geral pode ser resumido em três pilares: grandes volumes, produtos e serviços básicos e padronização sistemática.

1.5.2. Estratégia Geral: Liderança em Produtos

As empresas que escolheram como estratégia geral a Liderança em Produtos precisam ser excelentes em oferecer o melhor produto, entendido como uma oferta diferenciada de valor ao mercado. Precisam ser inovadoras, tanto melhorando o que já existe (inovação incremental) quanto criando produtos totalmente novos (inovação radical) para seus clientes.

Geralmente essa estratégia geral é adequada a empresas que atuam com produtos diferenciados, em pequenos ou grandes volumes, onde a marca é relevante para criar uma aura especial em torno da sua oferta de valor. Precisam oferecer produtos e serviços que ampliem as fronteiras de desempenho existentes e superem constantemente as expectativas dos mercados onde atuam. Exemplos de empresas que escolheram a Liderança em Produtos: Microsoft, Disney, Apple, Harley-Davidson, Nike, Johnson & Johnson, Natura, Sony, Tesla, Mercedes-Benz e Fiat Chrysler.

Principais diretrizes da estratégia geral Liderança em Produtos:

- Focalizar continuamente a invenção, o desenvolvimento e a melhoria de produtos e a exploração de mercados.

- Ter uma estrutura mais flexível e empreendedora, trabalhando também com equipes interdisciplinares e por projetos.

- Estimular a criatividade e agilidade no levantamento, seleção e implementação de ideias. Lançar produtos com grande estardalhaço e repercussão nas mídias tradicionais e digitais. A Disney, por exemplo, é excelente em despertar o interesse no cliente antes mesmo do lançamento oficial de um novo filme.

- Organizar o trabalho em etapas e projetos, com metas e prazos claramente definidas para cada etapa.

- Conceber os processos do negócio para obter velocidade com qualidade, constantemente reduzindo o tempo dos ciclos.

- Imprimir rapidez nos processos decisórios e investir em tecnologia da informação.

- Monitorar as expectativas e necessidades dos clientes.

- Recompensar a experimentação e o pensamento criativo.

- Gerar muitas ideias de novos produtos, mas limitando o portfólio de projetos àqueles que ofereçam maior probabilidade de sucesso.

- Investir permanentemente no fortalecimento das marcas e reputação.

Enquanto a empresa precisa prolongar a vida dos produtos com atualizações, ampliações e outras características que agregam valor, paralelamente deve desenvolver a próxima geração do mesmo produto, criando uma tensão criativa e vibrante.

Essa tensão mantém a empresa ocupada, administrando o equilíbrio dinâmico entre a defesa dos produtos existentes e o lançamento de novos produtos, entre a criatividade ilimitada e as preocupações com o aspecto prático, entre fazer com esmero o produto especial e lançá-lo rapidamente no mercado (*time to market*), entre apostar em algumas grandes ideias e nutrir um conjunto maior de possibilidades. O segredo do sucesso nessa estratégia geral pode ser resumido em quatro pilares: inovação constante, rápido lançamento no mercado, produtos e serviços sempre melhores e forte reputação.

1.5.3. Estratégia Geral: Intimidade com o Cliente

As empresas que escolheram como estratégia geral a Intimidade com o Cliente precisam criar fortes elos com os clientes e adaptar sua oferta de valor (produtos, serviços e experiências) aos distintos grupos ou segmentos de clientes.

A principal característica é a capacidade de entender profundamente e evoluir de acordo com a evolução dos clientes, adaptando continuamente seus produtos e serviços com preços adequados. A proposição de valor baseia-se em conceitos como "cuidamos de você e de todas as suas necessidades" ou "oferecemos a melhor solução total".

Geralmente essa estratégia geral é adequada a empresas que atuam com serviços diferenciados e capazes de serem customizados, em pequenos ou grandes volumes, onde a marca é também relevante para diferenciá-la dos concorrentes. O maior ativo da empresa é sua capacidade de gerir muitas informações sobre os clientes, concorrentes e mercados para flexibilizar e adequar a sua oferta de valor, fidelizando ao máximo seus distintos segmentos de clientes.

Exemplos de empresas que escolheram a Intimidade com o Cliente: IBM, Partners Comunicação Integrada, McKinsey & Company, Carlos Caixeta & Associados, Netflix, Facebook, Nutrisaude, Johnson Controls, Google e Itaú Unibanco.

Principais diretrizes da estratégia geral Intimidade com o Ciente:

- Cultivar relacionamentos de longo prazo com o cliente, que se tornará cada vez mais rentável com o passar do tempo.

- Desenvolver profundo conhecimento e *insights* sobre os processos subjacentes relativos ao cliente, construindo e mantendo sistemas robustos com informações detalhadas sobre os clientes.

- Superar constantemente as expectativas dos clientes.

- Concentrar-se na retenção e fidelização do cliente, evoluindo com ele e agregando continuamente valor.

- Customizar produtos e serviços específicos para cada segmento de clientes, como o Google procura fazer a partir de sua imensa base de dados.

- Investir fortemente em tecnologia da informação, segmentação refinada e inteligência de mercado.

- Oferecer produtos e serviços consolidados e testados, adaptados às necessidades específicas e aos perfis dos clientes.

- Trabalhar com os clientes para resolver seus problemas e, complementarmente, gerenciar a implementação da solução. A Johnson Controls, por exemplo, oferece especialistas em uso de energia que trabalham junto com os clientes de gestão de obras para aperfeiçoar os projetos das construções. A empresa pode não ter todos os conhecimentos específicos, mas sabe onde encontrá-los e como coordenar a oferta de soluções.

- Delegar grande parte dos processos decisórios aos funcionários que estão em contato direto com os clientes. Seu lema é: faça o que for necessário para atender bem ao cliente.

O diferencial das empresas que desenvolvem os clientes mais leais é sustentado por um conjunto de estratégias: equipes com *expertise* e sensibilidade para atender pessoas, aplicação das mais atuais e melhores práticas aos processos vitais para entrega de valor ao cliente, rede expandida e flexível de capacidades em produtos e serviços. O segredo do sucesso nessa estratégia geral pode ser resumido em quatro pilares: soluções flexíveis e adequadas, fidelização dos clientes, gestão tecnológica do conhecimento e forte reputação.

Lembre-se que todas as empresas utilizam iniciativas relativas às três estratégias gerais, pois as três fazem parte da engrenagem dos negócios, mas escolher uma significa que é a majoritária e direciona todo o resto. A seguir um quadro resumo para apoiar seu entendimento e decisão.

ESTRATÉGIA GERAL	EXCELÊNCIA OPERACIONAL	LIDERANÇA EM PRODUTOS	INTIMIDADE COM O CLIENTE
• Tipo de valor procurado pelo cliente	• Menor custo total: preço + entrega (conveniência) + confiabilidade (custo futuro)	• Desempenho ou singularidade do produto / serviço	• Atendimento, orientação e aconselhamento personalizados
Modelo operacional	• Ativos padronizados. • Constante luta contra custos diretos e indiretos. • Processos otimizados e simplificados (poucas variedade de produtos). • Planejamento e controle centralizados (qualidade e custos). • Sistemas gerenciais integrados, confiáveis e hipereficientes. • Atendimento a clientes sem esforço, sem falhas e instantâneo. • Cultura que premia eficiência e abomina o desperdício / ostentação. • POPs (Procedimentos Operacionais Padrões)	• Foco em invenção, desenvolvimento de produtos e exploração do mercado. • Produtos pioneiros + extensões de produtos. • Estrutura flexível e processos robustos (coordenação + adaptação inventividade + tecnologia). • Sistemas gerenciais voltados para resultados em categorias de produtos. • Motivam, desenvolvem e guiam os talentos. • Reputação e marcas fortes. • Cultura que encoraja a imaginação e criação (alvos ambiciosos). • POPs	• Solução total = solução técnica + gerenciamento de resultados + gerenciamento de relacionados (rede). • Decisão delegada aos talentos próximos dos clientes. • Sistemas gerenciais voltados a resultados para os clientes, conhecimento de suas necessidades e desejos. • Foco sobre a participação no *budget* do cliente. • Cultura que prefere soluções específicas, com produtos e serviços que possam ser adaptados ao perfil do cliente. • Reputação e marcas fortes. • Gestão do conhecimento entre equipes (foco em tecnologia). • POPs essenciais.
	Moldam expectativas dos clientes		

Quadro 1: adaptação do autor.

Tenha em mente que não escolher uma estratégia geral prioritária gerará uma terrível confusão, com métodos de operação incoerentes, causadores de tensão e perda de energia. É como estar no comando de um avião sem manche, sem forma clara de resolver conflitos ou definir prioridades. Significa deixar que outro concorrente, comprometido com uma entrega de valor especial e concentrado em sua obtenção, tome seu lugar. Significa deixar que as circunstâncias e a "sorte" controlem o seu destino.

Escolher uma estratégia geral é essencial, pois não estará apenas escolhendo o "caminho para o sucesso do negócio", mas também intencionalmente trazendo coerência e consistência para outros possíveis caminhos complementares. Seu modelo operacional poderá ser continuamente melhorado, bem como a clareza sobre onde, como, quando e com qual intensidade investir. Essa decisão será um dos pilares para você dobrar seus resultados!

1.6. OS "NORTEADORES": VISÃO, MISSÃO, VALORES E NEGÓCIO

Visão, Missão, Valores e Definição do Negócio são conceitos fundamentais do planejamento estratégico porque são a ideologia, os norteadores da empresa. Além de se completarem, mostram os rumos a seguir no presente e futuro.

Normalmente, o processo do planejamento estratégico tem início com a identificação da Visão e dos Valores da organização. A Visão corresponde ao grande sonho ou meta futura, os Valores são a "constituição federal", ou seja, o conjunto de princípios que regem todas as condutas e decisões da empresa. Devem ser definidos e compartilhados pelos membros do alto escalão, incluindo funcionários da alta e média gerência. Devem ser disseminados entre todos os colaboradores, fornecedores, prestadores de serviços, clientes e funcionários.

A Visão deve responder à pergunta: "Onde queremos estar e como seremos um sucesso nos nossos negócios, no futuro? Qual é o nosso grande sonho?" Os Valores precisam responder à pergunta: "No que acreditamos, o que consideramos correto para compreender nossos negócios e tomarmos as decisões necessárias?"

A Missão deve representar como a organização será um sucesso no seu negócio, na atividade escolhida. Deve responder à seguinte pergunta: "Como seremos um sucesso, no nosso negócio, agora?"

Na elaboração da Missão são respondidas as seguintes perguntas:

Qual é o nosso negócio?

Quem é o cliente?

Como entregaremos valor para o nosso cliente?

Quais são as nossas habilidades distintivas, que nos fazem prosperar?

Para quais outros públicos entregaremos valor e como faremos isso?

A definição clara e precisa do Negócio da organização pode facilitar enormemente as estratégias e o sucesso de suas ações. Há empresas que se concentram em um só negócio e outras que administram negócios diferentes, o que implica em ações específicas para cada um deles. A definição estratégica do negócio é feita pelo mercado em que atua, como o conjunto de benefício que entregam valor e satisfação ao cliente e não como um produto ou um serviço específico. Produtos e serviços são transitórios, mas as necessidades básicas, os desejos e os grupos de clientes perduram. Pode ser definido em três dimensões: grupos de clientes, necessidades dos clientes e tecnologia.

Atenção: é um erro definir o negócio a partir de produtos! Defina o seu negócio a partir das necessidades e desejos dos seus clientes, não dos seus produtos ou serviços finais. Veja abaixo exemplos de negócios definidos a partir das necessidades e desejos do mercado:

Produtoras de filmes: de "fazer filmes" para "promover o entretenimento".

Empresas como a Xerox: de "fazer cópias" para "aumentar a produtividade dos escritórios".

Empresas de automóveis: de "fazer carros ou caminhões" para "soluções no transporte de cargas e pessoas".

Operadoras de telecomunicações e internet: de "venda de celulares e acesso à internet" para "soluções que interligam empresas e comunidades no mundo todo".

Empresas de entregas de cartas e cargas: de "transporte de cartas e cargas" para "soluções completas para aumento da eficiência logística".

Essas definições de espectro mais amplo ajudam estrategicamente as empresas a ampliarem e diversificarem seus produtos e serviços, direcionando investimentos, parcerias e alianças competitivas. A definição míope do negócio pode restringir o campo de ação, crescimento e identificação de oportunidades valiosas.

1.6.1. Exemplo de Missão, Valores, Negócio e Visão de Futuro

Afixado na sala de espera de um dos hospitais mais respeitados do Brasil está sua declaração de Missão, Valores e Visão:

NOSSA MISSÃO

"Prestar atendimento médico hospitalar com qualidade e ética, valorizando o ser humano como nosso maior patrimônio, buscando a excelência na gestão e desenvolvimento de serviços de saúde, ensino, pesquisas e projetos sociais."

NOSSOS VALORES

"Ética, Criatividade, Humanidade, Conformidade, Qualidade, Transparência, Eficiência, Credibilidade, Melhoria Contínua e Perpetuidade.

NOSSA VISÃO DE FUTURO

"Sermos reconhecidos, em nível nacional, como um dos principais provedores de inovações e soluções em saúde, com viabilidade econômico-financeira, buscando um alto índice de satisfação dos nossos clientes internos e externos".

A Andrade Silva Advogados, destaque nacional em soluções jurídicas onde atuo como consultor em gestão e alto desempenho, define:

MISSÃO

Implementar soluções jurídicas empresariais personalizadas, por meio de uma equipe multidisciplinar e altamente capacitada, do exercício das melhores práticas de gestão, da utilização de tecnologias de ponta e do conhecimento profundo dos ambientes de negócios, superando as expectativas dos nossos clientes.

NEGÓCIO

Soluções jurídicas empresariais personalizadas, visando a proteção e prosperidade dos negócios de nossos clientes.

VALORES

Ética e Transparência: atuamos dentro de princípios morais e legais, repudiando quaisquer atos que representem vantagens indevidas aos clientes, colaboradores, agentes públicos ou terceiros. Todas as informações vinculadas às demandas confiadas ao nosso patrocínio são disponibilizadas aos clientes, resguardado o necessário sigilo profissional.

Compromisso com os Melhores Resultados: pautamos nossos trabalhos pela excelência técnica que nos inspira e motiva, buscando alcançar os melhores resultados para os clientes, garantia de prosperidade e longevidade de seus negócios e de nossa banca.

Eficiência e Eficácia: executamos trabalhos de alto valor jurídico, personalizados, em prazo compatível com as reais necessidades dos clientes e com plena otimização dos recursos humanos, financeiros e tecnológicos.

Qualidade e Gestão: somos certificados pela norma ISO 9001. Exigimos e somos rigorosos com a qualidade do nosso trabalho, primando pela organização e bem-estar no ambiente corporativo, bem como pelo exercício das melhores práticas de governança, em constante evolução.

Relacionamento e Proximidade com os Nossos Clientes: estamos presentes no dia a dia dos clientes, conhecendo profundamente seus negócios, o que nos permite propor as mais adequadas e seguras soluções jurídicas. Cultivamos relacionamentos embasados em profissionalismo, respeito e atenção.

VISÃO

Ser o melhor escritório de advocacia do país, em demandas de alta complexidade, em Direito de Empresa.

A empresa 3G Capital, que administra todas as empresas dos fundadores da Ambev — Jorge Paulo Lemann, Carlos Alberto Sicupira e Marcel Telles —, tem uma carta de princípios que chamo de "Os 10 Mandamentos da Excelência Empresarial". Esses princípios abordam diretrizes para o presente e o futuro, liderança pelo exemplo, eficiência operacional, busca obsessiva pelo corte de custos, prioridade dos resultados, melhoria contínua, proteção do caixa, atitude de dono, investimentos direcionados, meritocracia, equipes comprometidas e gestão simples que funciona.

Princípio 1: Somos movidos por um sonho grande e desafiador: ser a melhor e mais lucrativa companhia do mundo.

Princípio 2: Pessoas excelentes, livres para crescer no ritmo do seu talento e recompensadas adequadamente, são nosso ativo mais valioso.

Princípio 3: Devemos selecionar indivíduos que possam ser melhores do que nós. Seremos avaliados pela qualidade das nossas equipes.

Princípio 4: Nunca estamos plenamente satisfeitos com nossos resultados. É essa recusa em se acomodar à situação atual que nos garante vantagem competitiva duradoura.

Princípio 5: Resultados são a força motriz da empresa. O foco nos resultados nos permite concentrar tempo e energia no que é essencial.

Princípio 6: Somos todos donos da empresa. E um dono assume a responsabilidade pelos resultados pessoalmente.

Princípio 7: Acreditamos que bom senso e simplicidade são melhores que complexidade e sofisticação.

Princípio 8: Gerenciamos nossos custos rigorosamente, a fim de liberar recursos que ajudarão a aumentar o faturamento.

Princípio 9: A liderança pelo exemplo pessoal é o melhor guia para nossa cultura. Fazemos o que dizemos.

Princípio 10: Não tomamos atalhos. Integridade, trabalho duro e consistência são o cimento que pavimenta nossa empresa.

Inspire-se nesses princípios para elaborar ou aperfeiçoar os da sua organização. Em outro capítulo será apresentado, com maiores detalhes, o modelo de gestão que rege todas as empresas dos fundadores da Ambev, considerados um dos mais eficientes do mundo e estudado em escolas nacionais e internacionais de negócios.

1.7. FATORES-CHAVE DE SUCESSO

Os fatores-chave de sucesso são atributos, conhecimentos e habilidades que a empresa idealmente deve possuir para obter sucesso no seu negócio. Funcionam como uma espécie de "roteiro prático do sucesso", direcionam a análise SWOT (identificação das forças, fraquezas, oportunidades e ameaças) e devem ser perseguidos incansavelmente. Veja o modelo abaixo.

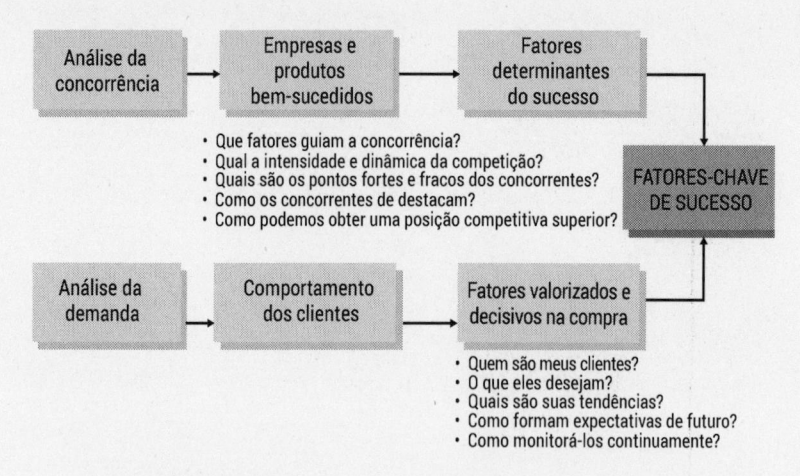

Figura 2: Adaptação do autor, Harvard Business Review e Fundação Dom Cabral.

Seguem bons exemplos de fatores-chave de sucesso, a começar pela Sonave Logística Internacional:

Fator 1: Senioridade da equipe em todas as áreas operacionais e comercial.

Fator 2: Ter presença nos principais mercados que atuam no comércio exterior, com serviços e atendimento de qualidade.

Fator 3: Ter preços competitivos.

Fator 4: Tecnologia da informação avançada, com sistemas integrados e próprios.

Fator 5: Força da marca para referência e fidelização dos clientes (externos e internos), construída a partir do exemplo dos líderes e gestores.

Fator 6: Sistema de qualidade – certificação ISO-9000.

Fator 7: Comprometimento total de todos os funcionários da empresa.

Fator 8: Flexibilidade e capacidade de customização para soluções voltadas ao cliente.

Fator 9: Gestão disciplinada do desempenho geral, individual e da remuneração, com base na meritocracia.

Fator 10: Alinhamento e eficiência na comunicação interna e externa.

A Partners Comunicação Integrada, uma das melhores empresas do país em inteligência e comunicação integrada, define especificamente os seus 12 fatores-chave de sucesso, perseguindo-os com afinco nas discussões, decisões e planejamento estratégico. No auge da crise brasileira, em 2016, essa empresa aumentou 76% a receita total e 40% a margem líquida (lucro líquido/receita operacional líquida). No site **www.facebook.com/ carloscaixetaonline** você encontra mais informações e os depoimentos dos gestores da empresa. Os princípios desta organização são:

Fator 1: Estratégia de atuação em comunicação integrada para todos os clientes.

Fator 2: Recursos humanos: atuação tática e estratégica, formando a cultura de alto desempenho, desenvolvimento das lideranças e meritocracia das equipes.

Fator 3: Monitoramento, mensuração e avaliação de resultados das entregas externas e internas.

Fator 4: Estrutura física e de tecnologia adequadas para atendimento às demandas em todas as praças de atuação.

Fator 5: Definição de um padrão técnico que referencie a alta qualidade da empresa.

Fator 6: Reputação forte, para fidelização dos atuais e conquista de novos clientes.

Fator 7: Criatividade, inteligência, inovação, *know how* e proatividade como diferenciais competitivos.

Fator 8: Atualização permanente do conhecimento para todos os níveis da empresa.

Fator 9: Gestão de projetos para melhor atendimento, planejamento e entregas.

Fator 10: Equipe experiente e atualizada tecnicamente em licitações públicas e abordagens privadas.

Fator 11: Ter um ótimo fluxo de caixa e margens de lucro satisfatórias em todos os contratos.

Fator 12: Austeridade máxima e combate aos custos e despesas.

1.8. ANÁLISE *SWOT*

A Análise *SWOT*, derivada das palavras em inglês *Strengths* (forças), *Weaknesses* (fraquezas), *Opportunities* (oportunidades) e *Threats* (ameaças), é o momento de colocar a empresa e todos os seus públicos relevantes no "divã", implementando um autodiagnóstico criterioso e completo sobre a organização. Use os norteadores (visão, valores, negócio e missão) e os fatores-chave de sucesso como referência para a sua Análise SWOT – no endereço www.carloscaixeta.com. br/faq.html você pode fazer um completo Diagnóstico Estratégico Competitivo (DEC).

Na análise interna da SWOT, olhamos "para dentro" e identificamos as forças e fraquezas, tudo o que existe internamente e apoia ou dificulta o sucesso do negócio, entendido como a boa realização dos norteadores definidos. As fraquezas (áreas de melhoria) deverão ser trabalhadas e eliminadas e as forças mantidas e aperfeiçoadas.

Após a análise interna, implementa-se a análise externa e olhamos "para fora", para o macroambiente (influências econômicas, sociais, políticas, demográficas, culturais, legais, tecnológicas e ecológicas) e o microambiente setorial (fornecedores, concorrentes, potenciais substitutos, novos entrantes e clientes) para identificamos o que pode vir de fora e prejudicar (ameaças) ou beneficiar (oportunidades) o sucesso, entendido como a boa realização dos norteadores. As ameaças deverão ser evitadas ou eliminadas, enquanto as oportunidades proativamente aproveitadas.

Objetivamente, as variáveis controláveis são as internas (forças e fraquezas) e poderão ser alteradas pela empresa. As forças incontroláveis são as externas (oportunidades e ameaças), sobre as quais não se pode interferir, mas é possível antever para evitar ou administrar as ameaças e tirar proveito das oportunidades. Repare que é administrando bem as forças controláveis que você poderá obter uma melhor eficiência e eficácia internas em seu negócio. Por outro lado, a obtenção da eficácia e eficiência do seu desempenho externo depende da sua competência em identificar e gerenciar as forças incontroláveis. Monitorar o que ocorre fora da empresa é questão de sobrevivência!

Eficiência é a propriedade de um sistema, processo ou grupo de pessoas, realizar um trabalho despendendo o mínimo de recursos, é fazer da forma certa. Eficácia é a propriedade de se alcançar o resultado desejado, é fazer a coisa certa. Mas o que um bom gestor deseja é fazer o que deve ser feito, usando o mínimo de recursos e da melhor maneira possível. Isso chama-se *efetividade*: fazer a coisa certa, do jeito certo, investindo a quantia certa e gerando o máximo de resultado.

1.8.1. Análise Interna

Para apoiar a análise interna, a seguir um *check list* para identificação das Forças e Fraquezas:

- Reputação e posicionamento da empresa
- Posicionamento da marca: digital e tradicional
- Qualidade do produto ou serviço
- Formalização e registro da estratégia
- Utilização da estratégia como direcionadora das análises e decisões
- Utilização da estratégia como direcionadora dos treinamentos e remunerações
- Bases de dados, com relação à proteção e atualização
- Conhecimento contínuo dos clientes (todos os segmentos)
- Monitoramento permanente dos concorrentes principais
- Canais de distribuição
- Cobertura geográfica
- Comunicação interna e externa: tradicional e digital
- Inovação em: produtos e serviços, procedimentos internos, modelo de gestão e modelo de negócio
- Custos fixos e variáveis
- Disponibilidade e acesso a capital
- Nível de adequação ao meio ambiente
- Economias de escala
- Capacidade empreendedora
- Acesso a capital internacional
- Lucratividade e crescimento das receitas
- Nível e disponibilidade de mão de obra
- Profissionalismo e método de gestão
- Liderança transformadora e participativa
- Capacidade de atração de talentos
- Qualidade e rede de fornecedores

1.8.2. Análise Externa: Macroambiente

A cada dia, a fronteira do ambiente externo torna-se cada vez mais elástica, aumentando a complexidade dessa análise que inclui o macroambiente e o microambiente. A empresa deve ser capaz de antecipar-se às mudanças no macroambiente (gerais) e microambiente (setoriais), ou seja, às forças externas que possam interferir no seu negócio. Essas mudanças podem prejudicar ou podem constituir oportunidades que deverão ser aproveitadas, por exemplo, as legislações sobre o direito do consumidor e meio ambiente, o fácil acesso a informações pela disseminação da Internet e redes sociais, a massificação dos smartphones, as transformações sociais que alteraram o relacionamento entre as organizações, seus clientes e sociedade. As empresas que se anteciparem e promoverem as adequações necessárias serão beneficiadas e desenvolverão vantagens competitivas!

Para continuar cumprindo o papel de gerar prosperidade e resultados, sua organização precisa estar fortemente conectada ao seu mercado, comportamento dos clientes, sociedade, desenvolvimento das tecnologias e plataformas sociais, movimento dos concorrentes, inovações incrementais e drásticas, parceiros, economia, políticas públicas etc. Tudo muda e esses movimentos irão, mais cedo ou mais tarde e de um jeito ou de outro, influenciar o seu negócio! Nos últimos anos, tem ocorrido fortes mudanças nas expectativas e relações de consumo, em especial a partir do maior acesso à Internet iniciado em 1995. Fique atento aos impactos, oportunidades e ameaças ao seu negócio:

1) Produtos cada vez mais parecidos.

O *benchmarking* (concorrentes se monitoram para copiarem as melhores práticas uns dos outros) e as técnicas de engenharia reversa (empresas desmontam produtos para entenderem como são feitos e criarem melhores meios de produzi-los) têm tornado a vida de produtos inovadores cada vez mais curtas. Enquanto no passado, para cada tipo de produto, havia alguns poucos fabricantes, hoje milhares de empresas concorrem entre si com produtos cada vez mais parecidos, em todos os sentidos. Procurar algo com valor diferenciado para determinado segmento de cliente tem sido uma tarefa cada vez mais difícil.

2) Clientes mais exigentes e sensíveis ao preço.

Vários fatores, entre eles o maior acesso a bens industrializados e recuperação do poder de compra da classe média mundial, têm tornado as pessoas melhor informadas e mais exigentes quanto às ofertas das empresas, equilibrando a relação entre preço percepção de valor recebido. O preço conta na escolha, evidentemente, mas em alguns casos não é fator preponderante, funcionando como um balizador da decisão final.

3) Busca por valor agregado como diferencial.

Num mundo de serviços e produtos semelhantes, é preciso diferenciar e comunicar a diferenciação! Não pode ser uma diferença qualquer, mas algo que tenha valor para o segmento alvo, para quem decide comprar ou não.

4) Reputação como ativo estratégico.

A força da marca como promessa, efetiva entrega de valor e boas experiências aos clientes, precisa ser referência positiva tanto dentro como fora da empresa, construindo um elo psicológico poderoso com o mercado e todos que participam desse propósito. A reputação se forma pelo cumprimento das promessas de marca, no dia a dia.

5) Globalização (Internet).

A Internet conseguiu acelerar o processo de globalização aproximando de uma maneira nunca vista fornecedores e consumidores. O e-business, plataformas sociais e redes de referência vêm proporcionando uma queda no custo das vendas, quando feitas através da rede. Mesmo que sua empresa não venda pela web, você precisa desenvolver plataformas onde seus clientes possam interagir e se sentirem acolhidos.

6) Oferta maior que a procura.

O maior poder de produção e a aceleração da concorrência têm aumentado a oferta em proporção maior que o aumento da demanda. A busca de mercados em crescimento, fugindo daqueles onde já se atingiu a saturação, tem sido a grande alternativa.

7) Integração do mundo físico e mundo virtual.

O mundo real é uma combinação do mundo físico e mundo virtual, onde a maioria das pessoas buscam informações, fazem compras, comparam ofertas, relacionam-se, trocam ideias, elogiam, criticam, participam de debates, influenciam decisões, criam ou fecham empresas. Principalmente pela dinâmica das redes sociais, o real nunca foi tão digital e material como nos dias atuais...

A partir dessas considerações, as principais variáveis macroambientais são apresentadas a seguir. Para cada uma, pesquise os estudos disponíveis, converse com especialistas, levante dados existentes dentro e fora da sua empresa para identificar as potenciais ameaças (o que pode prejudicar) e oportunidades (o que pode favorecer) o desempenho presente e futuro do seu negócio, com relação à realização dos norteadores definidos: valores, missão, visão e negócio.

VARIÁVEIS AMBIENTAIS							
Econômicas	Sociais	Políticas	Demográficas	Culturais	Legais	Tecnológicas	Ecológicas
Taxa de inflação. Taxa de juros. Mercado de capitais. Nível do PIB. Balanço de pagamentos. Nível de distribuição da renda. Crédito e endividamento.	Situação socioeconômica de cada segmento da população. Classes sociais. Situação sindical. Situação política. Tendências e modismos.	Monetárias. Tributárias. Inclusão social. Relações internacionais. Legislativas. Privatizações. Estruturas do poder.	Densidade. Mobilidade. Taxa de crescimento. Índice de desenvolvimento humano. Composição e distribuição da população. Processos migratórios.	Nível de alfabetização. Nível de escolaridade. Estrutura familiar. Comunicação de massa e de nicho. Choques entre gerações distintas. Relações com tecnologias.	Tributária. Trabalhista. Previdenciária. Criminalista. Comercial Ambiental. Digital. Empresarial. Relações internacionais.	Aquisições tecnológicas pelo país. Desenvolvimento tecnológico. Transferências de tecnologias. Proteção de marcas e patentes. Velocidade das mudanças tecnológicas. Internet e redes sociais.	Nível de desenvolvimento ecológico. Índices de poluição. Legislação existente. Consciência da população. Iniciativas de prevenção.

Fonte: Adaptação do autor e Harvard Business Review.

Ao final da análise do macroambiente, você precisa ser capaz de responder as perguntas direcionadoras abaixo:

- Como a economia está mudando?
- Como os mercados estão mudando?
- Como os costumes e modismos estão mudando?
- Como a tecnologia está mudando?
- Como o panorama político está mudando?
- Como as leis e regulamentações estão mudando?
- Como as normas societárias estão mudando?
- Como as mudanças identificadas afetam meu modelo de negócio e trabalho?

- Qual é o melhor, o intermediário e o pior cenário que posso enfrentar?

- Quais seriam as suas consequências?

- Tenho um plano de contingência para enfrentar o pior cenário?

- Quais as vantagens e desvantagens das alternativas e decisões?

- Quais são as probabilidades de cada uma delas?

- O que está fora do meu controle?

- Como posso minimizar minha exposição a forças que não posso controlar?

- Quais informações preciso monitorar, com qual periodicidade?

1.8.3. Análise Externa: Microambiente

Ainda relacionado ao ambiente externo, o microambiente refere-se ao setor específico de atuação da organização, considerando 5 variáveis principais. O termo *indústria* é usado segundo o conceito econômico, significando todas as empresas de um determinado ramo de negócio (incluindo as prestadoras de serviços) ou de um mesmo setor como, por exemplo, a indústria de panificação, a indústria de saúde, a indústria de turismo etc.

Essas 5 variáveis externas afetam todas as empresas na indústria, daí a importância da organização conhecê-las e desenvolver habilidades para lidar com elas. Nesse sentido, uma indústria é atrativa quando:

- Estiver protegida por barreiras contra novos ofertantes (novos entrantes).

- O poder de negociação dos fornecedores for pequeno ou inexistente.

- O poder de barganha dos clientes for pequeno.

- Não há, ou é pequeno, o risco de surgirem produtos ou serviços substitutos.

- For estabelecido algum ajuste mercadológico de preços que, além de evitar a guerra de preços, garanta uma margem satisfatória de lucro.

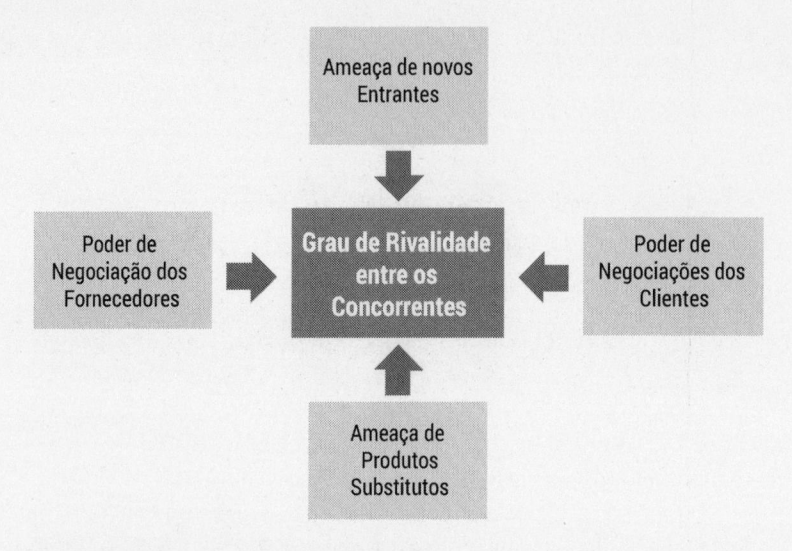

Figura 3: Adaptação do autor e Michael Porter.

A análise do microambiente busca uma posição competitiva favorável em determinada indústria ou setor, por meio de uma posição lucrativa e sustentável contra as forças que determinam a ineficiência e baixos desempenhos nessa indústria. Duas questões centrais para a escolha da estratégia competitiva:

- Atratividade das indústrias quanto à rentabilidade a longo prazo e os fatores que a determinam.

- Os determinantes da posição competitiva relativa, dentro da indústria.

Vejamos duas situações:

Uma empresa, em uma indústria muito atrativa, pode estar em posição desfavorável e não obter lucros. Uma empresa, em uma indústria não atrativa, pode estar em posição excelente, mas, por ser a indústria não lucrativa, não haverá benefícios para melhorar sua posição de prosperidade.

Ambas as questões são dinâmicas! A atratividade da indústria e a posição competitiva modificam-se conforme a sua empresa e seus concorrentes se movimentam. Ao final da análise do microambiente, você precisa ser capaz de responder as perguntas direcionadoras abaixo:

- Quais são os pontos vulneráveis dos meus concorrentes? Como tirar proveito disso?

- Qual é o perfil e o que querem os meus clientes?
- Quantos são, qual a força e o perfil dos meus fornecedores?
- O que fazer para reduzir a força de um novo concorrente, caso apareça?
- Como posso ter um produto ou serviço acima de qualquer proposta substituta de valor?
- Quais informações preciso monitorar, com qual periodicidade?

1.8.4. Matriz Swot: Direcionadora dos objetivos estratégicos

Após a realização da Análise *SWOT* e definição das forças, fraquezas, oportunidades e ameaças, é preciso responder a 4 perguntas direcionadoras dos objetivos estratégicos, conforme a Figura 4. O crescimento das receitas e ganhos de participação de mercado virão da combinação entre as forças e oportunidades, respondendo à pergunta: como posso usar minhas forças para tirar vantagens dessas oportunidades?

A definição e fortalecimento do posicionamento estratégico mercadológico, protegendo a empresa, virão da combinação entre as forças e ameaças: como posso usar minhas forças para reduzir a probabilidade e o impacto das ameaças?

As melhorias e soluções prioritárias internas virão da combinação entre as fraquezas e oportunidade e entre as fraquezas e ameaças, respondendo a duas perguntas: como posso superar as fraquezas que me impedem de aproveitar as oportunidades? Como posso superar as fraquezas e reduzir os impactos das ameaças?

		Ambiente interno	
		Forças	Fraquezas
Ambiente externo	Oportunidades	Como posso usar minhas forças para tirar vantagem das oportunidades?	Como posso superar as fraquezas que me impedem de aproveitar as oportunidades?
	Ameaças	Como usar minhas forças para reduzir a probabilidade e o impacto das ameaças?	Como posso superar as fraqueza e reduzir os impactos das ameaças?

Figura 4: Adaptação do autor e Harvard Business Review.

1.9. OBJETIVOS ESTRATÉGICOS

Após as etapas anteriores, os objetivos estratégicos são definidos e sinalizam os eixos gerais dos resultados prioritários buscados pela organização. Precisam contemplar, pelo menos, quatro dimensões relacionadas ao negócio: (1) resultados econômico-financeiros, (2) resultados em clientes e mercados, (3) resultados em processos internos e (4) resultados em aprendizado e crescimento (tecnologias, pessoas, cultura organizacional, gestão do conhecimento e infraestruturas).

O mapeamento do ambiente externo e a clara noção da situação interna direcionam a definição dos objetivos que nortearão a empresa no horizonte de tempo determinado (três a cinco anos). Defina entre cinco e 8 objetivos estratégicos gerais, até dois para cada dimensão anteriormente apresentada, pois esta quantidade trará o senso de prioridade aos líderes e equipes que os implementarão. Para cada objetivo estratégico, defina pelo menos três indicadores e metas gerais de desempenho.

Posteriormente, cada objetivo estratégico deverá ser desdobrado em várias ações estratégicas de execução, envolvendo todas as áreas e líderes responsáveis. No final do processo, poderão existir por volta de 50 a 70 ações de execução, relacionadas a apenas 5 ou 6 objetivos estratégicos... Todas precisam ser implementadas! Não caia na armadilha de definir objetivos demais e implementar ações de menos, isso frustra a todos, desperdiça tempo e dinheiro, prejudica a própria execução e limita os resultados que são a essência da própria estratégia.

Seguem exemplos de objetivos estratégicos, podendo ser mais amplos ou já conter as metas e os prazos. Se forem mais amplos, necessariamente as metas, prazos e demais itens da implementação deverão ser detalhados nas ações estratégicas de execução:

- Crescer 20% a base total de clientes, em 3 anos.

- Adquirir 1.000 novos clientes em determinado mercado.

- Expandir a atual linha de produtos, para atendimento a empresas.

- Liderar em novos produtos para o segmento de clientes tal.

- Ampliar a participação de mercado na região sul.

- Diversificar os canais de distribuição, ampliando os digitais.

- Reduzir 10% os custos operacionais, em 2 anos.

- Liderar a inovação tecnológica, incremental e disruptiva no setor.

- Amentar a receita bruta em 15% e a margem líquida em 10%, nos próximos 5 anos.

- Unificar os centros de compras e administração.

Importante reforçar que os objetivos estratégicos sinalizam os eixos gerais dos resultados prioritários definidos pela organização, sendo assim precisam se reforçar mutuamente. É impensável algum objetivo estratégico conflitar com outro, isso simplesmente não pode acontecer! Acesse www.carloscaixeta.com.br e baixe os modelos de implementação da estratégia e ações de execução.

1.10. AÇÕES DE EXECUÇÃO: DETALHAMENTO

Definidos os objetivos estratégicos, com seus indicadores e metas gerais de resultados, que passaram pela análise das potencialidades e limitações da organização, é preciso detalhar as ações de execução para que sejam de fato implementados. Reúna o responsável e os profissionais mais competentes de cada área, apresente o planejamento estratégico e peça um conjunto de ações específicas e projetos que contribuirão para a implementação dos objetivos estratégicos, relacionados à respectiva atuação da área. A pergunta direcionadora é: com que projetos e ações podemos apoiar os resultados buscados pelos objetivos estratégicos?

A partir do conjunto de ações e projetos propostos, escolhidos de acordo com a real capacidade de implementação e resultados potenciais, são estruturados os planos de execução da estratégia vindos das áreas de finanças, controladoria, gestão de pessoas, logística, tecnologia, contabilidade, assuntos jurídicos, marketing e vendas etc. Defina os recursos necessários, os responsáveis e apoiadores, a explicação das etapas e passos da execução, os apoios externos necessários, investimentos financeiros, indicadores e metas, prazos e a periodicidade das reuniões para acompanhamento e correção de rotas – correção do que não está funcionando. Para facilitar, utilize o modelo "5Ws e3Hs":

- WHAT – Explicar a ação de execução. No que consiste a ação? Fazer o quê?

- WHY – Fundamentar a ação. Por que devemos implantá-la? Quais benefícios trará para a empresa? Contribuirá para quais objetivos estratégicos?

- WHO – Quem será o responsável? Precisará de quais pessoas para apoiá-lo?

- WHERE – Onde será implementada? Em qual mercado? Em qual escritório ou unidade de negócio?

- WHEN – Quando será implementada? Qual o início, meio e fim? Qual o prazo de execução?

- HOW – Como a ação será feita? Envolve algum fornecedor específico? Envolve outras empresas?

- HOW MUCH – Quanto vai custar o investimento? Valor financeiro e horas alocadas.

- HOW MANY – Como medir o sucesso da execução da ação? Definir os indicadores de desempenho e as metas.

As metas devem ser SMART (e"S"pecíficas, "M"ensuráveis, desafiadoras mas "A"tingíveis, "R"elevantes e "T"emporais), precisam direcionar para uma evolução constante e realista, não são um simples "direcionamento" ou "desejo positivo". Meta é para ser batida, não é mera intenção! Acesse www.carloscaixeta.com.br e baixe os modelos de implementação e detalhamento para suas ações de execução.

2. POSICIONAMENTO ESTRATÉGICO DE MERCADO

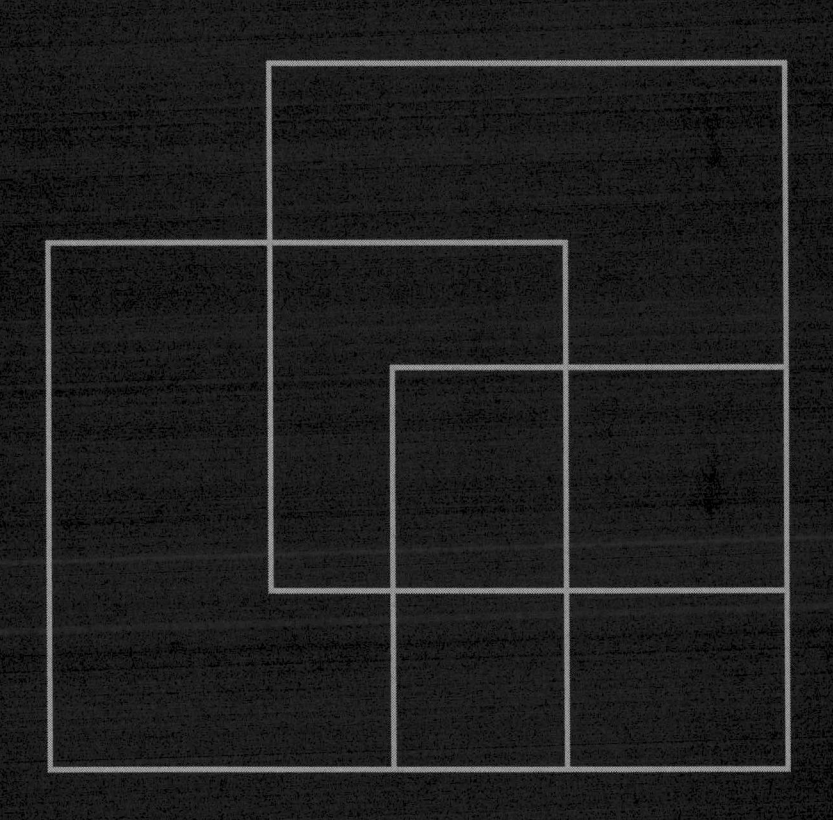

Um dos resultados do planejamento estratégico é a definição do posicionamento estratégico mercadológico, ou seja, como sua empresa se apresentará ao mercado como opção melhor que a dos concorrentes, fortalecendo a percepção geral sobre o negócio. O posicionamento é o ato de projetar de forma intencional, utilizando os meios de comunicação mais adequados, os diferenciais da empresa para que ocupe um lugar especial na mente dos clientes-alvo. Isso se faz por meio da marca institucional que representa a empresa ("marca mãe"), como Unilever, mas também pode ser feito por meio das "marcas filhas" quando se deseja posicionar especificamente um produto do negócio, como Axe, Becel, Dove, Comfort, Omo, Lux, Rexona, Ades, Surf, Knorr etc.

Ao pensarmos sobre um produto, marca ou empresa, usamos a comparação com outros para identificarmos sua posição relativa: está acima ou abaixo no conjunto comparativo? Melhor ou pior com relação à experiência proporcionada? Traz soluções completas ou específicas? Fácil ou difícil de repor ou consertar? Provoca sentimentos bons ou ruins? Caso a empresa não se preocupe com essas questões, o consumidor pode percebê-la de uma maneira inadequada ou mesmo contrária aos seus interesses, prejudicando a conquista de mercados e expansão das receitas.

De forma objetiva, posicionamento não é o que se faz e sim a percepção que se constrói na mente dos clientes atuais e potenciais. A era "coisicista" centrada na comunicação transacional e fria sobre os diferenciais competitivos cedeu lugar ao posicionamento sofisticado onde cada empresa busca atingir a mente e o coração dos clientes... Isso explica porque os anúncios hoje falam menos das questões técnicas de desempenho e muito mais sobre os sonhos, sensações e aventuras a elas associadas. O posicionamento precisa transformar o produto ou serviço num sentimento positivo, algo desejado e de valor para quem decide pela escolha!

Com tantas opções, a batalha mercadológica enfoca a preferência e fidelidade dos clientes, energizando a formação de uma percepção emocionalmente vibrante. Se for poderoso, apenas um benefício pode ser destacado para diferenciar o negócio e a empresa, porque é ilusão acreditar que você terá sucesso prometendo tudo para todo mundo... Alguns posicionamentos que deram certo, ao longo do tempo:

Axe: a primeira impressão é a que fica.

Aquafresh: proteção anticárie, hálito fresco e dentes brancos.

Mercedes: engenharia automotiva.

BMW: prazer em dirigir.

Volkswagen: você conhece, você confia.

3M: sinônimo de inovação.

AVIS: quem não é o maior, tem que ser o melhor.

Nestlé: amor por você.

Skol: desce redondo.

Brahma: a número 1.

TIM: viver sem fronteiras.

Crest: proteção anticárie.

GOL: linhas aéreas inteligentes.

VOLVO: o mais seguro.

Jeep: encara tudo. A origem vem da pronúncia em inglês de G.P. (*general purpose*), modelo destinado a vários tipos de uso – utilitário.

Bayer: se é Bayer, é bom.

Bombril: 1001 utilidades

Coca-Cola: emoção pra valer.

Doril: tomou Doril, a dor sumiu.

Helmann's: a verdadeira Maionese.

Pepsi: o sabor da nova geração.

Philco: tem coisas que só a Philco faz pra você.

Sandálias Havaianas: legítimas só Havaianas.

A empresa deve destacar um benefício, ou um conjunto deles, e ser promovida como a melhor naquele item ou itens, requerendo um trabalho constante de gerenciamento para que o posicionamento continue fazendo sentido e cumprindo sua finalidade perante o público alvo. Tenha resiliência e acompanhe a evolução dos tempos, pois se os mercados e as pessoas mudam, você igualmente precisa evoluir sempre.

Numa sociedade onde a quantidade de informações cresce absurdamente, o consumidor tende a lembrar melhor da "mensagem número um", pois "o primeiro a gente nunca esquece". Há alguns anos, a Avon desenvolveu um trabalho de reposicionamento dos seus produtos, que por um erro de posicionamento estratégico de mercado estavam sendo considerados como de segunda linha no Brasil. Como sua característica é a venda porta a porta, passou a usar o slogan "a gente conversa, a gente se entende".

A Claro, operadora de telefonia, reposicionou-se ao adotar o slogan "A vida em suas mãos" na época do lançamento do serviço Ideias TV, quando disponibilizou dez canais de televisão para os celulares, inovando no período de expansão do mercado de telefonia. O cliente podia escolher as notícias do dia na CNN, Bloomberg, ESPN ou assistir desenhos e documentários em sete outros canais. Apesar de já existir esse tipo de transmissão de conteúdo em tempo real, a Claro foi a primeira a conseguir disponibilizar tantos canais simultaneamente e se destacou, pois naquele momento específico não existia nada que se identificasse tanto com a ideia de "ter a vida nas mãos" como assistir à própria TV no celular.

Como recomendação importante para posicionar sua organização, identifique claramente os principais benefícios buscados pelos clientes e concentre-se neles – cerne da definição estratégica do seu negócio. Converse com pelo menos 20 clientes inteligentes e pergunte: "quais itens você considera e valoriza, do mais importante para o menos importante, quando escolhe a minha empresa e decide comprar meus produtos ou serviços? Por que são melhores que os dos concorrentes?". Compare as respostas e terá um ótimo guia para o seu posicionamento, de modo simples e absolutamente eficaz!

2.1. PASSOS PARA O POSICIONAMENTO

Uma empresa pode posicionar seu negócio, ou cada uma de suas marcas, sob vários aspectos: mais rápida no atendimento, soluções mais seguras, produto mais barato, mais conveniente, mais durável, melhor qualidade, maior valor agregado, melhor assistência técnica, melhor atenção ao cliente, melhor relação custo-benefício etc.

Ao definir vários itens de valor para seus clientes, certifique-se que são complementares e de fácil entendimento, para evitar o risco de confundir a percepção enfatizada. Há vários casos de sucesso em que mais de um benefício foi destacado, como o caso da pasta de dentes Aquafresh, visto anteriormente. A seguir, veremos mais exemplos de outras empresas.

Escolha o benefício, ou uma combinação deles, sobre o qual o seu negócio possa ser considerado "único" e enfatize esta diferença, por exemplo, a Volvo se posicionou na indústria automobilística: "o mais seguro". Se o produto não for julgado melhor sob algum aspecto significativo para um conjunto de clientes, estará mal posicionado e será mal lembrado, pois as pessoas se lembram das marcas que se destacam sob algum critério claro e fácil de compreender!

Importante analisar em profundidade as características dos seus clientes-alvo e definir seus perfis: hábitos e gostos particulares, preferências, aspectos mais valorizados e menos valorizados com relação ao seu negócio, opinião sobre as ofertas dos outros concorrentes, sites e assuntos prediletos, temas de leitura etc. Definidas as características e os perfis, identifique e comunique inteligentemente o "espírito" da mensagem e impressão que deseja passar para ser identificado e lembrado, a posição que quer ocupar na mente do seu público-alvo.

Você pode posicionar sua empresa e produtos a partir de três grandes pilares:

- Melhor produto da categoria.
- Mais eficiência nas operações.
- O que melhor atende aos desejos.

Considere também 4 atributos de posicionamento: produto, preço, facilidade de acesso e serviços que agregam valor. Objetivamente, sua empresa pode dominar um dos atributos, ter um desempenho acima da média em outro e manter-se no padrão setorial nos outros dois atributos.

Se a beleza está nos olhos de quem a vê, a realidade é pura percepção, é a impressão que está na mente dos consumidores que compõem o mercado. Como cada ser humano acredita na realidade segundo suas impressões, é vital que você acompanhe periodicamente como o cliente está percebendo e se relacionando com a sua empresa.

2.2. ESTRATÉGIAS DE POSICIONAMENTO

Alguns posicionamentos são mais adequados para negócios intensivos em serviços, outros para negócios intensivos em produtos tangíveis. Uma rede de restaurantes popular, por exemplo, terá um posicionamento diferente daquela que optar por trabalhar com um perfil de público mais elitizado, ocorrendo o mesmo para uma empresa de turismo que tenha como segmento preferencial pessoas que desejam gastar pouco, posicionando-se de forma muito diferente caso optasse por pessoas exigentes quanto à qualidade do atendimento e passeios exóticos, sem se preocupar com o preço. Um fabricante de relógios também terá que optar por se posicionar da maneira mais conveniente, de acordo com seu público-alvo e características da sua atividade empresarial. Veremos a seguir algumas estratégias de posicionamento, mas antes mostraremos as mais comuns e seus opostos, como posicionamento por inovação e posicionamento por imitação.

Posicionamento	*Oposto*
Preço baixo	Preço alto
Nível tecnológico superior	Baixa tecnologia
Serviço superior	Serviço limitado
Inovação	Imitação
Diferenciação	Não-diferenciado
Customizado	Padronizado

2.2.1. Posicionamento por baixo preço

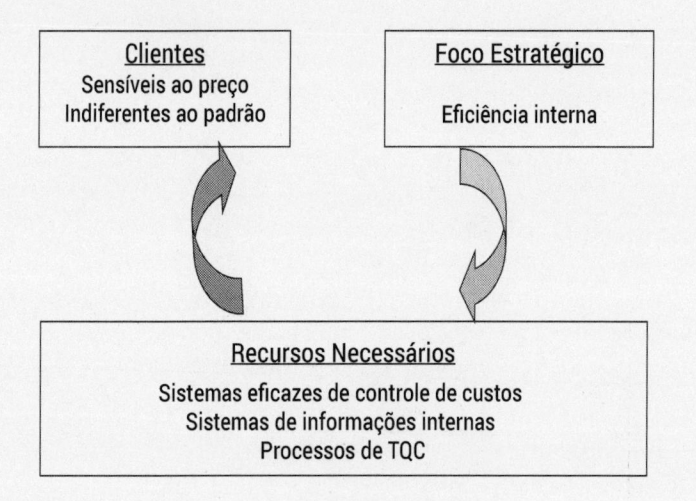

Esse é um posicionamento perigoso, por ser fácil de copiar, bastando ao concorrente baixar o preço. Exige vantagem de baixo custo da empresa e capacidade financeira para suportar uma guerra de preços.

Nesse caso, é preciso organizar a busca de insumos e logística de distribuição, visando manter um custo mínimo e priorizar os segmentos de consumidores mais sensíveis ao preço. Buscar também ter processos sempre eficientes, eficazes e com melhoria contínua (TQC: controle de qualidade total). Alguns fazem o oposto: preços mais altos para criar uma aura de exclusividade, sendo necessário criar uma imagem de reconhecida superioridade.

2.2.2. Posicionamento por alta qualidade e design

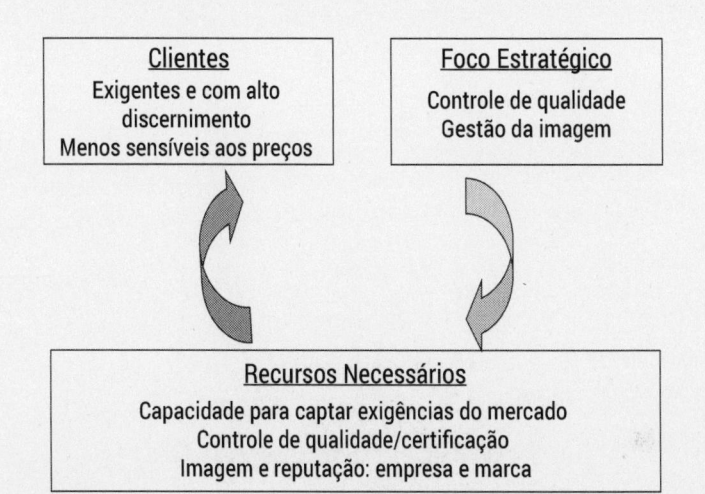

Esse perfil de posicionamento preza por:

– Sistemas eficazes para garantir a alta qualidade.

– Competência técnica, especialmente na engenharia e design.

– Capacidade moldada "de fora para dentro", ou seja, sensibilidade para perceber a qualidade sob o ponto de vista dos clientes, captar e oferecer as exigências do mercado.

– Criação de programas de relacionamentos com o cliente.

– Gestão da cadeia de fornecimento, garantindo insumos de qualidade.

– Clientes dispostos a pagar mais pela qualidade superior, compensando os custos e investimentos da empresa.

– Maior confiabilidade, durabilidade e design (beleza estética).

– Fundamental: reforçar a imagem e reputação da marca.

2.2.3. Posicionamento por inovação

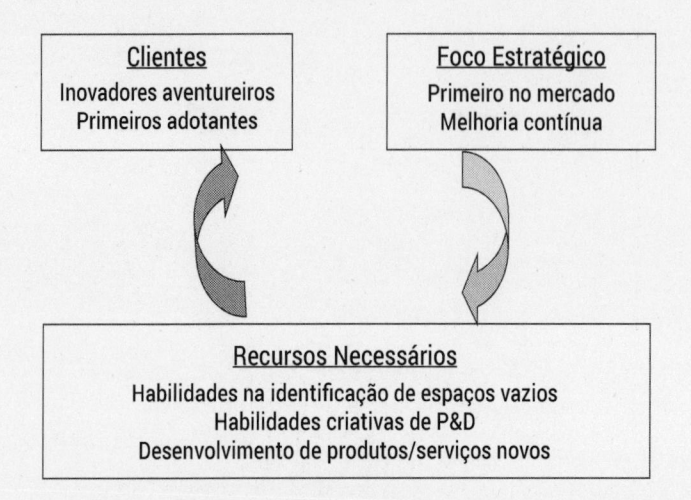

Exige velocidade para melhorar rapidamente e desenvolver produtos novos, habilidades técnicas e criativas:

– É preciso promover o "fracasso rápido de alguns produtos com tendência à obsolescência", encorajando o lançamento de novos produtos mesmo em fase de testes, sabendo que alguns podem fracassar.

– Estimular o surgimento e não sufocar as ideias em fase de concepção.

– Além da eficiência do *kaizen* (palavra de origem japonesa, metodologia de trabalho que permite baixar os custos e melhorar a produtividade), empresas japonesas estão inovando e adotando mudanças radicais para manter a competitividade.

– Busca incessante pela inovação: aperfeiçoamento e renovação do que existe, criação do novo e fortalecimento marca. Assim trabalham as empresas inovadoras!

– Estratégias possíveis: ser a primeira a lançar algo novo ou um dos primeiros seguidores, aproveitando os aprendizados vindos dos erros dos pioneiros, aperfeiçoando a oferta de valor ao mercado e evitando os desgastes desnecessários.

– Fundamental: reforçar a imagem e reputação da marca.

2.2.4. Posicionamento por serviço superior

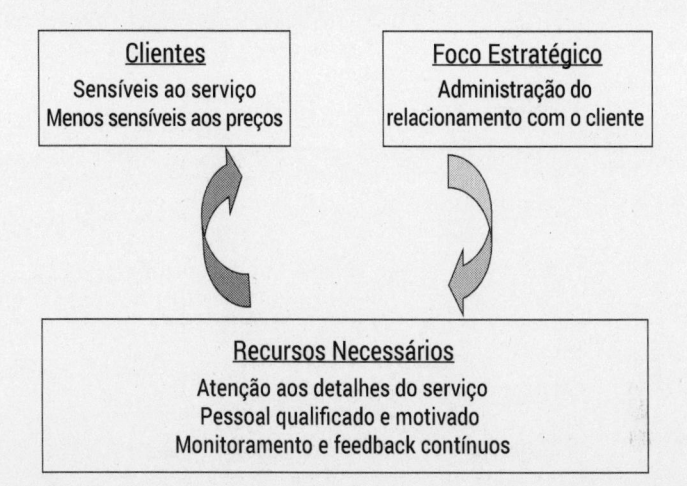

O cerne é entender como os seus clientes avaliam e quais aspectos do serviço valorizam mais: dimensões importantes e como se tornam perceptíveis.

Empresas competitivas se posicionam cada vez mais com base na oferta de um serviço superior, ou melhor, de um serviço desenvolvido especificamente para atender aos desejos e necessidades específicas do seu mercado-alvo.

Para proporcionar um serviço superior é preciso:

– Capacidade para compreender continuamente seu mercado, permitindo identificar o tipo e o níveis superiores dos serviços.

– Habilidade para criar e desenvolver relacionamentos com os clientes.

– Sistemas de apoio na entrega dos serviços.

– Habilidade para avaliar e gerenciar a satisfação e confiança dos clientes.

– Prioridade às pessoas que atendem aos clientes, da seleção ao treinamento.

– Serviços desenvolvidos para desejos e necessidades específicas do mercado-alvo.

– Percepção aguçada das variações e níveis dos serviços oferecidos *versus* as diferentes exigências dos seus grupos de clientes.

– Fundamental: reforçar a imagem e reputação da marca.

2.2.5. Posicionamento por diferenciação de benefícios

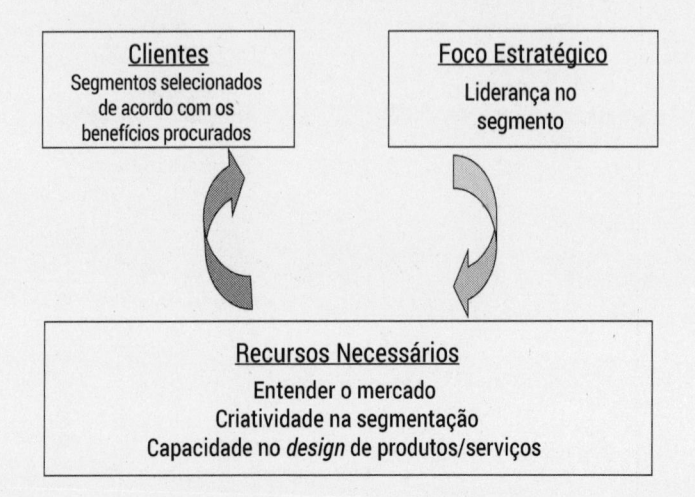

Exige alta competência de fora para dentro:

– Possuir habilidades (técnicas, humanas e tecnológicas) para identificar os benefícios desejados.

– Identificar quais segmentos de clientes desejam quais benefícios, em cada mercado.

– Focar em oferecer o que cada segmento quer e valoriza.

– Ter capacidade de desenvolver novos produtos e soluções com os atributos relevantes para cada mercado.

– Fundamental: reforçar a imagem e reputação da marca.

2.2.6. Posicionamento customizado (soluções específicas)

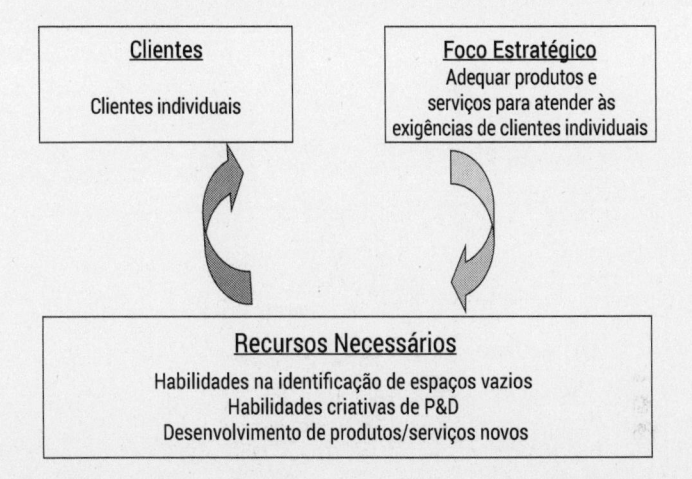

Aplicado originalmente no arranjo de serviços qualificados. Para um posicionamento customizado eficaz, é necessário:

– Competência de fora para dentro e de dentro para fora: identificar o que o segmento de cliente deseja e estabelecer um relacionamento contínuo de evolução com ele.

– Capacidade de produção flexível, buscando a cocriação juntamente ao cliente: calibrar as entregas (intensidade e qualidade).

– Obter as vantagens de custo e eficiência da produção segmentada, personalizando as ofertas e entregas.

– Fundamental: reforçar a imagem e reputação da marca.

2.2.7. Posicionamento dinâmico

Esse tipo de posicionamento leva em conta, ao mesmo tempo, 3 dimensões: produto, mercado e empresa, estando o consumidor no centro de tudo. Para ficar mais fácil de implementar, pode-se substituir a dimensão mercado por relacionamento e partir do pressuposto que a integração entre produto e relacionamento tem como palco o mercado. Será no mercado que ocorrerá o verdadeiro teste entre as intenções da empresa, expectativas do consumidor e os resultados referentes à maneira como ocorrerá o posicionamento desejado.

Este posicionamento leva em conta os benefícios que o consumidor enxerga e obtém do produto (ou serviço), a partir da construção de um sólido relacionamento que permite à empresa acompanhar qualquer movimento que possa provocar aproximação ou distanciamento.

O consumidor, por meio das ações de relacionamento (programas de benefícios, descontos, atendimento prioritário, bônus por fidelidade etc.) e cumprimento das promessas de marca feitas pela empresa, construirá a imagem e o posicionamento pretendidos. Isto ocorre porque o relacionamento de todos os níveis da empresa com o mercado permite um *feedback* capaz de monitorar a percepção dos clientes com relação às ofertas da empresa, orientando ações para o mínimo de distorções.

Independente do posicionamento escolhido, o sucesso dependerá da sua competência em entender bem os pilares dos benefícios que propõe oferecer como cerne da sua atividade organizacional, identificado e explicitado pela própria ideologia e norteadores do planejamento estratégico: missão, visão, valores e definição do negócio.

3. CONSTRUA E FORTALEÇA SUA REPUTAÇÃO CORPORATIVA

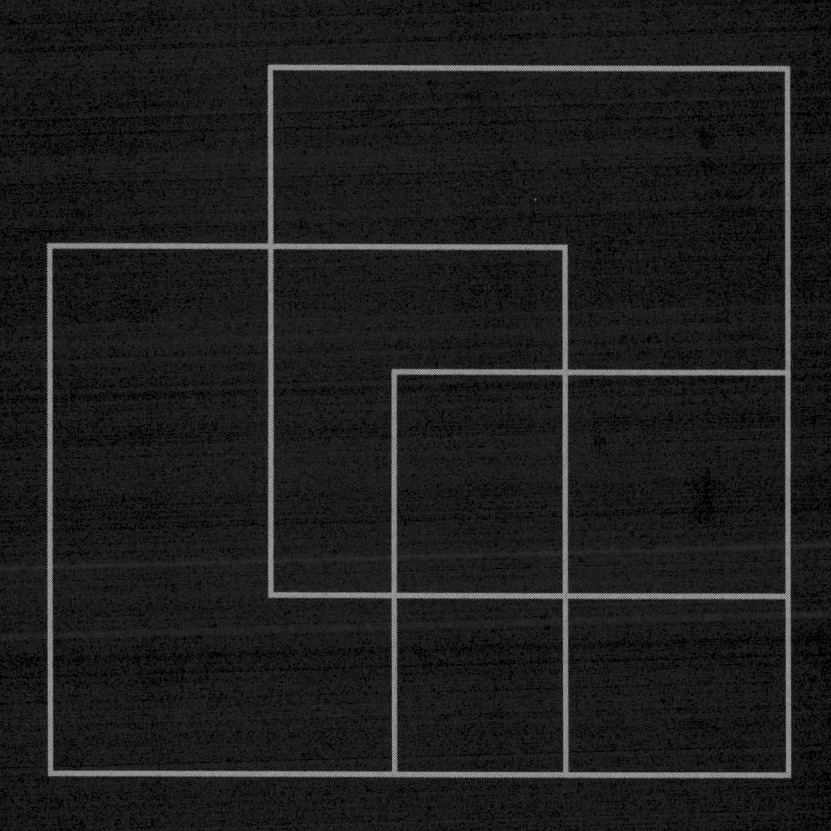

Tempos de crise e pós-crise são muito difíceis, mas um bom teste para medir a real força da marca e posicionamento, da reputação corporativa e consistência dos modelos de gestão: o que está forte, o que está fraco, o que verdadeiramente tem o apoio das pessoas e o que só existe "para constar", se a empresa segue com consistência os valores e princípios divulgados, se o rumo estratégico está claro, se os clientes confiam na promessa de marca, se os fornecedores e parceiros são aliados para a construção do sucesso nos negócios.

Após a turbulência econômica brasileira, em 2015 e 2016, com repiques em 2017, um dos principais aprendizados foi que os empresários e gestores devem estar dispostos a um processo contínuo de questionamento e autodesenvolvimento. Precisam compreender que o presente e o futuro são construídos a partir dos aprendizados passados e da obsessiva vontade de fazer a cada dia melhor, de entregar mais valor e satisfação não só aos clientes, mas aos públicos envolvidos com o desempenho da empresa.

A crise também ensinou que as armadilhas mais comuns são:

– Quebra do pacto de confiança entre a empresa e seus *stakeholders* (públicos relevantes: funcionários, clientes, fornecedores, parceiros de negócio, governo, mídia etc.), quando os valores, missão, visão e posicionamento de mercado são desrespeitados para se obter ganhos financeiros de curto prazo.

– Redução irracional e desesperada dos custos, incluindo demissões em excesso, redução na qualidade dos produtos e serviços, ações de fidelização, inovação, comunicação e pós-venda aos clientes. Como parte considerável do patrimônio da sua empresa está no conhecimento acumulado e desenvolvido pelos colaboradores, tome cuidado na hora das demissões para não jogar fora uma parte considerável do seu ativo intangível, pois pode ser que você nunca mais recupere esse núcleo de conhecimento.

– Corte indiscriminado dos investimentos em melhoria da gestão, desenvolvimento das lideranças, equipes e estruturas de tecnologia.

– Prática indiscriminada de descontos de preços, para conquistar pelo "menor valor", fazendo caixa, mas reduzindo as margens de lucro e boas impressões sobre a marca. Se a empresa não tem uma estrutura de custos, processos e eficiência operacional preparada para atuar na guerra de preços, essa será a pior decisão e com impactos financeiros fatais.

Importante reforçar que as empresas que criam alternativas inovadoras e são coerentes com os norteadores do seu negócio, preservando os funcionários e a visão estratégica de longo prazo, reforçam os laços de confiança com seus *stakeholders* e fortalecem a sua reputação. Vale lembrar que após o período de crise as empresas novamente precisarão de gente competente e comprometida! Será a hora das empresas que mantiveram seus valores, excelência humana e boa gestão colherem os frutos dos seus esforços e consistência.

Nesse contexto, a reputação aparece como ativo estratégico porque é muito mais que uma percepção externa ou imagem pontual formada pelos clientes, é o conjunto de tudo que as pessoas pensam e sentem relacionado ao passado, presente e futuro da empresa, com base em informações ou desinformações que tenham tido sobre seus produtos, serviços, empregados, iniciativas sociais e ambientais, condutas éticas, desempenhos passados ou perspectivas futuras. É a soma das opiniões e disposições de todos os *stakeholders* sobre a empresa, no ambiente interno e externo, e isso comprovadamente tem um valor que faz da reputação um importante ativo estratégico e econômico.

A imagem está relacionada em grande parte à comunicação externa, com efeitos efêmeros e pontuais, difícil de objetivar, influenciada fortemente pela intensidade das iniciativas de comunicação. A reputação vai muito além, tem uma abordagem estrutural e efeitos duradouros, é verificável empiricamente, acontece dentro e fora da organização, envolve ações práticas que demonstram o cumprimento das promessas de marca e posicionamento de mercado por parte da empresa. A imagem é uma foto pontual, a reputação é o filme completo. A marca é uma promessa, a reputação é a prova do cumprimento dessa promessa...

Principalmente nos momentos de turbulência, você precisa provar que o seu posicionamento de mercado, que as promessas de excelência feitas por meio da sua marca são realmente entregues aos seus clientes, não são meros discursos vazios. Manter a coerência entre o que a empresa promete e o que a empresa entrega de fato para os clientes, por meio dos seus produtos, serviços, pessoas e experiências, é a maneira eficiente para se construir uma relação de confiança – base da reputação corporativa. Essa consistência corporativa faz os próprios funcionários acreditarem na organização, sentirem-se "comprometidos de verdade" e não apenas friamente envolvidos com as ações propostas.

Entenda que a percepção positiva em torno da sua marca, bem como a forte confiança característica da boa reputação, é construída nos mínimos detalhes, produtos, serviços e contatos com os clientes e demais parceiros de negócios, onde todos são responsáveis diretos pelos resultados. Agir com coerência e consistência, alinhando a prática ao discurso, é fundamental para construir e manter uma boa imagem ao longo do tempo. E a construção e fortalecimento dessa boa imagem ao longo do tempo é exatamente o que ergue a reputação da empresa, protegendo-a nos momentos difíceis e impulsionando-a nos momentos de bonança.

Para construir e gerenciar estrategicamente sua reputação, considere pelo menos 7 dimensões, identificando o que e como melhorar em cada uma delas:

1. Desempenho econômico-financeiro: retorno aos investidores, resultados financeiros, custos e despesas, investimentos, lucro líquido e perspectivas de crescimento.

2. Produtos e serviços: qualidade prometida e percebida pelos clientes, relação custo-benefício, alinhamento com as necessidades e desejos dos clientes.

3. Inovação: incentivo a ideias de melhorias e criação de novas soluções de valor ao mercado, pioneirismo, poder de adaptação a mudanças (resiliência).

4. Ambiente de trabalho: recompensa ao mérito e igualdade de oportunidades, promoção do bem-estar e saúde dos empregados.

5. Governança: transparência e disponibilidade das informações, ética nas decisões, indicadores e metas claras, idoneidade nos negócios.

6. Cidadania: responsabilidade ambiental, desenvolvimento social e apoio às causas comunitárias.

7. Liderança: coerência entre discurso e prática, líderes eficientes e eficazes, cumprimento das melhores práticas de gestão, visão clara e compartilhada do futuro.

A crise nos mostrou a fragilidade geral diante de um cenário de queda na confiança e incertezas sobre o futuro, mas as empresas que investem no fortalecimento da reputação sofrem menos e se recuperam mais rápido. É uma blindagem competitiva, construindo um poderoso elo psicológico entre a empresa e todos que com ela se relacionam baseados na admiração, confiança e estima.

Seguem eixos de implementação que fortalecerão seus negócios, diante das futuras crises:

- Desenvolver uma cultura voltada para a inovação lúcida permanente, na medida certa, facilitadora da geração e compartilhamento do conhecimento entre os gestores, colaboradores e principais *stakeholders*.

- Discutir e implementar estratégias bem definidas para absorver mecanismos de cocriação e retroalimentação a partir das redes colaborativas.

- Implementar processos internos e externos coerentes com a boa governança corporativa, refletidas numa marca confiável e forte reputação corporativa.

- Utilizar métodos de pesquisa e levantamentos cada vez mais avançados para capturar novas tendências e novos comportamentos, difundidos também pelas redes sociais.

- Buscar um equilíbrio entre o uso de recursos produtivos, produtos e serviços com as demandas de sustentabilidade do planeta.

- Entender a essência do consumidor digital e fazê-lo um coinovador proativo, fundamental à inovação.

- Disponibilizar canais ágeis de atendimento online, em ambiente web, acessíveis por smartphones, laptops, tablets e outros dispositivos de acesso à Internet.

- Criar espaços no site, ou blog específico da empresa, para os clientes e potenciais clientes interagirem diretamente com a empresa: sugestões, reclamações, elogios e dicas. Retornar todos os contatos feitos, demonstrando seriedade da empresa no entendimento e tratamento dessas interações.

- Possibilitar a compra dos produtos e serviços por meio do site ou ambiente web específico, priorizando a praticidade e objetividade, com vídeos apresentando os produtos, serviços e espaço para depoimentos dos clientes.

- Tornar o site e redes sociais da empresa agradáveis e integrados, fáceis de navegar e objetivos. Lembrar que a apresentação na Internet é o primeiro impacto na impressão das pessoas: apresentação amadora = empresa amadora; apresentação profissional = empresa profissional.

- Implementar um pós-venda ágil e proativo na comunicação. Retornar todos os contatos dos clientes: mensagens, e-mails, redes, WhatsApp etc.

- Priorizar conteúdos e ações de comunicação específicas e direcionadas para mídias digitais, atingindo segmentos selecionados de clientes e potenciais clientes.

- Criar ambientes de convivência e experiência com a marca, para degustação dos produtos, serviços e estímulos sensoriais prazerosos: aromas, aconchego físico, sons, atendimento superior etc. O conectivo emocional fortalece a conexão e estima pela empresa.

- Criar programas de relacionamento de longo prazo, recompensando as relações de proximidade, fidelidade, cocriação de valor e admiração.

- Participar ativamente das redes sociais com as quais os clientes se identificam, para ações de visibilidade e monitoramento das percepções sobre a empresa, influenciando positivamente a imagem e reputação.

- Comprometer a empresa com a sustentabilidade e causas sociais, estrategicamente importantes no médio prazo e admiradas pelo consumidores mais engajados. Enfatizar o respeito ao meio ambiente presente na aquisição de insumos, por exemplo, é uma forma de ser lembrado como organização que respeita os conceitos de preservação da qualidade de vida e do ecossistema.

- Envolver os clientes e demais parceiros do negócio na melhoria dos atuais e desenvolvimento dos novos produtos e serviços, bem como dos demais itens da proposta de valor: atendimento, entrega, redes e pontos de venda, tecnologias, lojas tradicionais e virtuais, programas de relacionamento, descontos, benefícios, brindes etc.

- Monitorar constantemente a evolução do perfil e expectativas das gerações Y e Z, por meios de grupos de discussão, entrevistas em profundidade e espaços na web para interação, direcionando ajustes para aumentar a estima e identificação com a marca.

- Estimular os funcionários talentosos a participarem com ideias sobre melhorias na gestão, novos produtos e serviços. Reconhecê-los e dar *feedbacks* constantes sobre o desempenho na criação de valor para o mercado, promovendo-os e premiando-os.

Figura 5: Adaptação do autor e Harvard Business Review.

Na vida existem os que observam, os que simplesmente analisam e aqueles que constroem. Como peça chave das suas decisões pessoais e profissionais, decida e implemente com perseverança, trabalho árduo e disciplina. Genialidade sem "mão na massa" dificilmente gera resultados duradouros, pois a estatística do sucesso ensinada pelo inventor e empresário Thomas Edison = 1% de talento (inspiração) + 99% de suor (transpiração).

4. PILARES PARA O SUCESSO DA SUA ESTRATÉGIA E NEGÓCIO

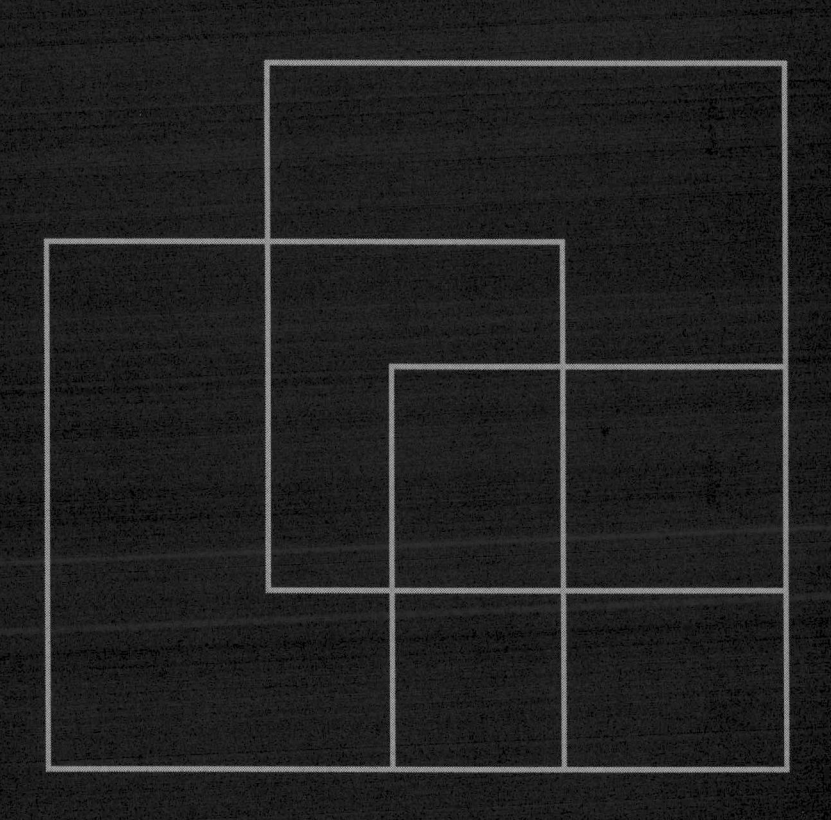

Para aumentar ainda mais as chances de você dobrar seus resultados, apresento os 10 pilares das suas ações estratégicas e decisões relacionadas aos seus negócios, resultantes da minha experiência prática como executivo, em consultorias e dos estudos aprofundados dos principais livros sobre o tema.

Pilar 1: As pessoas são o mais importante

As pessoas são o que a empresa tem de mais valioso. A primeira regra do sucesso é colocar as pessoas certas nas áreas-chave dos resultados da empresa. Independente se clientes ou funcionários, é fundamental manter sempre o respeito, a cordialidade e a gentileza para com os outros, pois serão os responsáveis pelo crescimento dos lucros e pela manutenção dos negócios.

Saiba comunicar-se bem dentro e fora da companhia, estabelecer uma boa relação entre gestores e empregados, pedir desculpas, agradecer, manter contato com parceiros, fornecedores e formadores de opinião. Busque ininterruptamente os melhores profissionais, porque deles virão os maiores e mais suculentos frutos. A qualidade das suas equipes e líderes define a qualidade dos seus resultados!

Pilar 2: Atenção aos 10 passos para evitar o fracasso

Geralmente são as empresas as causadoras de seu próprio declínio. Para evitar a catástrofe, implemente os 10 passos abaixo:

1. Diagnostique sempre a situação da empresa para saber onde pode melhorar.

2. Pergunte a si mesmo: quantos cargos-chave estão nas mãos das pessoas certas?

3. Crie um conselho de administração pessoal, que ajude a entender o que está certo e errado, direcionando ações e projetos.

4. Aumente as perguntas e afirme menos, isso é liderança na prática.

5. Faça periodicamente um inventário dos "fatos brutais" da empresa, os mais difíceis de se resolver. Encare-os de frente!

6. Atualize-se, perguntando a si mesmo e aos outros, o que move para frente você e a organização.

7. Tenha disciplina e faça uma lista do que precisa parar de fazer.

8. Desligue seus dispositivos eletrônicos por uma manhã, toda semana, para fazer uma reflexão consciente.

9. Liste seus valores, questione suas práticas e compartilhe com os mais jovens.

10. Estabeleça metas realmente audaciosas para os próximos anos. Cultive sonhos grandes e trabalhe arduamente para realizá-los.

Pilar 3: RH é o primeiro nível para o sucesso da estratégia

A área de gestão de pessoas é crucial para os resultados vindos da estratégia porque é a porta de entrada dos atuais e futuros líderes, bem como das equipes de análise e implementação. A empresa pode compreender a estratégia e tirá-la do papel apenas se contratar as pessoas certas para os lugares certos, de acordo com as prioridades definidas.

Adicionalmente entenda que um objetivo permanente da organização não deve ser apenas crescer, mas igualmente ter um alto retorno positivo sobre os investimentos, gerando uma lucratividade satisfatória e consistente. Lembre-se que faz parte da estratégia definir também o que não pode ser feito, os públicos que não serão contemplados, de modo que será impossível agradar a todos.

Pilar 4: Influenciar sem manipular

A influência é parte importante no processo de negociação, mas não pode ser confundida com a manipulação, seu lado mais perverso. Na segunda parte do livro, há um detalhamento e dicas práticas relacionadas a vendas e persuasão, mas você pode desde já memorizar os seis princípios da arte de influenciar pessoas:

1. Reciprocidade: dê algo primeiro (informação ou benefício), pois as pessoas vão gostar e, depois, vão querer retribuir.

2. Escassez: tenha recursos exclusivos e divulgue-os, porque as pessoas gostam mais do que é raro ou escasso.

3. Coerência e compromisso: as pessoas tendem a tomar decisões de forma coerente com o que fizeram antes. Por isso, conhecer seu "histórico" ajuda a antecipar suas decisões.

4. Afeição: mostrar semelhanças e afinidades entre as partes ajuda na aceitação das propostas e no fechamento de negócios.

5. Autoridade: não basta ser, tem que dizer e parecer. Deixar claro que é um especialista sobre o assunto em questão é uma forma eficaz para persuadir.

6. Aprovação social: é importante conhecer as ações coletivas mais comuns, já que as pessoas tomam as decisões alheias como base para as próprias decisões.

Pilar 5: Para inovar com sucesso, o segredo é executar

O ponto-chave da inovação, no processo da estratégia, não é ter ideias e sim executar as propostas feitas e ideias aprovadas. Além da disposição para mudar, tirar projetos do papel demanda dinheiro, estrutura, humildade, inteligência, maturidade, coragem e equipes bem preparadas, elementos que nem sempre estão à disposição em empresas que sabem que é preciso inovar, mas estão demasiadamente presas à tradição.

Na execução, dois passos são imprescindíveis: o primeiro é ter um grupo de inovação separado, para que possa realmente "pensar fora da caixa". O segundo é não deixar que essa equipe se desprenda demais da companhia, para não perder o foco, apesar da relativa independência. Importante alertar que não é o dinheiro que faz as empresas empacarem nesse processo, mas a dificuldade de compreender que a mudança e a resiliência são as bases da sobrevivência e do próprio crescimento.

Pilar 6: Inovar não é o bastante

Toda e qualquer inovação precisa entregar valor para o seu público-alvo, sendo necessária muita lucidez para evitar o "modismo" da inovação pela inovação. A criatividade empírica recomenda primeiro testar a inovação, com investimentos menores, para entendimento das experiências do mercado e melhorias pontuais. Após esse teste controlado e realizados os ajustes necessários vindos do aprendizado, pode-se investir com maior ímpeto.

Um produto ou serviço novo tem o poder de abrir as portas para um mercado também novo, para que a organização consiga superar a concorrência e ser líder de mercado. Nesse contexto, a criatividade tem seu papel, mas precisa entregar um valor superior e impactante em termos de experiência aos clientes. Uma boa estratégia, a disposição para mudar e a abertura para novas ideias criam as bases para a "inovação de valor", capaz de criar dinâmicas poderosas de mercado e maior lucratividade. Não importa o setor ou o porte da empresa, sempre haverá algum espaço ainda inexplorado.

Pilar 7: Colaborar é melhor que apenas competir

Quanto maior a sua interação com outras empresas parceiras, clientes, consultores, pesquisadores, escolas de negócio, formadores de opinião e fornecedores, melhor! A chamada cocriação é o fermento para direcionar ideias e ações poderosas em termos de resultados. É fundamental, no entanto, que todos estejam alinhados à estratégia e em sintonia com a cultura da colaboração.

Pilar 8: Combater obsessivamente o aumento dos custos e das despesas

Principalmente em momentos de bonança, desenvolva a cultura de combate incansável ao desperdício, aumento dos custos e das despesas. Implemente semestralmente um programa de ideias nesse sentido, com metas de redução para os principais itens que compõem seus custos e despesas, premiando as que proporcionaram maiores resultados, mas sem perder a qualidade do que é feito ou entregue aos clientes. Crie em cada funcionário a "mentalidade de dono", orientando-o a agir com discernimento e responsabilidade.

Pilar 9: Manter os investimentos e não os confundir com custos

Especialmente em momentos de crise, mantenha o nível adequado de investimentos, em especial os relacionados à capacitação, eficiência operacional, tecnologia e ações de mercado. Os investimentos são o "fermento do bolo", cortá-los excessivamente em momentos difíceis equivale a reduzir a nutrição de um paciente ao mínimo necessário, impedindo-o de crescer e se recuperar para retomar a saúde... Reserve de 2% a 5% da sua receita operacional líquida para reinvestir no "aumento da musculatura" do seu negócio.

Pilar 10: A boa gestão é uma ciência, gera e protege seus resultados

As recomendações abaixo fazem parte do modelo de gestão que implemento nas empresas onde atuei e atuo como consultor empresarial e membro do conselho de administração, com excelentes resultados mesmo em momentos de crise. Trata-se da combinação da gestão que funciona em empresas de serviços, produtos e indústrias como AB InBev, Coca-Cola, Walmart, GE, Google, Apple, Natura, Facebook, Microsoft, Netflix, gestoras de ativos e bancos internacionais.

- O sucesso vem da humildade, inteligência analítica, definição explícita dos resultados buscados e disciplina na execução.

- O líder lidera pelo exemplo, vai na frente, cria o senso de urgência, sabe elogiar e repreender, é o guardião da estratégia e da mensagem. Cuida do curto e do longo prazo.

- Fundamental ter clareza e alinhamento para a Visão (para onde vamos, qual é o nosso "sonho grande"), Missão (como seremos hoje um sucesso no nosso negócio), Valores (norteadores das condutas e decisões) e Negócio (valores entregues aos nossos clientes e mercados).

- Fazer reunião semanal com os gerentes, para apoio individual e em equipe (sinergia): padronizar o que deu certo e atuar nas causas do que deu errado, corrigindo e aprimorando – formar e alinhar as equipes para a cultura da entrega de resultados.

- Definir e acompanhar sistematicamente os indicadores e metas, para atingir os objetivos: foco no resultado, na entrega pactuada.

- Reforçar a pressão comercial e o relacionamento com os clientes: receita crescente e mantida ao longo do tempo.

- Orçamento para ter os melhores e fazer treinamentos constantes: "primeiro quem, depois o restante..." Colocar as pessoas certas nos lugares-chave da organização.

- Fazer disciplinadamente a reunião mensal de desempenho: DRE Gerencial (Demonstração do Resultado do Exercício com abordagem analítica detalhada), para entendimento sobre os resultados alcançados e ações corretivas necessárias.

- Manter clareza na atuação decidida, específica – plano de ação para detalhar a execução (5Ws 3Hs). Executar com disciplina!

- Cuidado obsessivo com a marca, clientes e mercados– sucesso e longevidade da organização (reputação corporativa).

- Abominar o desperdício e buscar obsessivamente a eficiência operacional: fazer mais e melhor, com os mesmos ou menos recursos.

- Definir Procedimentos Operacionais Padrões (POPs) para todas as atividades rotineiras e repetitivas, para aumentar a eficácia e eficiência por meio de manuais que orientam sobre o passo-a-passo de cada atividade. Maiores e melhores resultados com a quantidade adequada de recursos: tempo, gente, máquinas, tecnologias, dinheiro, infraestruturas e outros.

- Sempre planejar, executar, checar os resultados periodicamente e agir para padronizar as práticas que funcionaram e corrigir as que não funcionaram, ou funcionaram aquém do desejado.

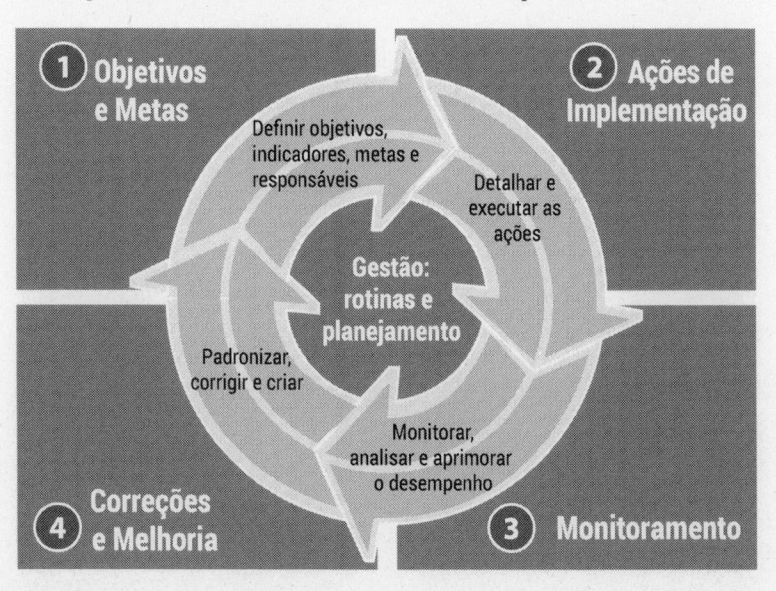

Figura 6: Adaptação do autor, Fundação Dom Cabral e Harvard Business Review.

Em 1991, a Southwest Airlines explicou porque manteve uma gestão forte e fundamentos financeiros conservadores: "desde que nunca esqueçamos os pontos fortes que nos permitem resistir e crescer em meio das catástrofes econômicas, desde que sempre lembremos que essas catástrofes econômicas acontecem com regularidade e desde que não desperdicemos totalmente nossas forças essenciais com visão curta, egoísmo ou intolerância, continuaremos a resistir, a crescer e prosperar".

Dez anos depois, ocorreu o horror do 11 de setembro, nos Estados Unidos. Enquanto as outras grandes empresas aéreas reduziram suas operações imediatamente após a tragédia, a Southwest não cortou um só emprego nem cancelou nenhum voo. Apesar de inicialmente ter voado com apenas metade da lotação, cumpriu todo seu cronograma de voos assim que o governo liberou o espaço aéreo, que havia sido completamente fechado. A Southwest registrou algum lucro em 2001, incluindo o quarto trimestre, e foi a única entre as grandes companhias aéreas a ter lucro em 2002. Iniciou operações em novas cidades, conquistou mercados, contratou pessoas, aumentou a infraestrutura tecnológica e viu o preço de suas ações subir já no quarto trimestre de 2001. No final de 2002, realizou uma capitalização no mercado cujo valor foi maior que o de todas as principais empresas aéreas norte-americanas juntas.

A Southwest realizou tudo isso apesar da situação que classificou como a tragédia potencialmente devastadora de 11 de setembro, ressaltando que a estratégia de administrar a empresa nos tempos bons, de modo a garantir que tudo corra bem nos tempos ruins, demonstrou ser uma profilaxia poderosa. No dia do atentado terrorista, tinha US$ 1 bilhão em caixa e a melhor classificação de crédito do setor, assim como o melhor custo por assento disponível por milha, posição conquistada em 30 anos por uma disciplina que nunca relaxou nos tempos bons. Muito antes dos ataques de 11 de setembro, havia desenvolvido um plano completo de gestão de crises, ferramentas de planejamento financeiro de contingência e uma cultura organizacional mantida por pessoas comprometidas, acolhedoras e desafiadoras. O pilar cultural "nós vamos cuidar uns dos outros", somado aos projetos e às ações preventivas, demonstraram ser fortes e resilientes, protegendo a empresa dos grandes impactos negativos vivenciados pelas demais companhias aéreas.

No Brasil, a Partners Comunicação Integrada implementou um modelo de gestão fundamentado nos 10 pilares recomendados e muito parecido com o da Southwest Airlines. No auge da pior crise financeira da história brasileira, em 2015 e 2016, a empresa aumentou o faturamento em 76% e a margem líquida em 40%. Os fundadores atribuíram o sucesso à forte disciplina e controle financeiro, clareza na estratégia e execução, pactuação dos resultados, fortalecimento das lideranças, treinamentos e *workshops* constantes, foco no mercado e clientes, indicadores e metas de desempenho, alianças e parcerias estratégicas, meritocracia e equipes comprometidas.

A Fórum Conhecimento Jurídico corajosamente implementou uma forte reestruturação, a partir de 2012, igualmente perseguindo os 10 pilares. Definiu e implementa atualmente seu planejamento estratégico, pactuou entregas de resultados com todas as áreas, aplicou a meritocracia com bônus e metas progressivas, substituiu líderes em posições importantes, adequou o tamanho da estrutura e equipes passando de 130 colaboradores, em 2012, para 35, em 2017, desenvolveu parcerias estratégicas com fornecedores, cortou itens de pouca agregação de valor ao negócio, equilibrou as finanças reduzindo as dívidas com bancos e renegociando com fornecedores, aumentou os investimentos em tecnologias e desenvolvimento das pessoas, implementou um conselho de administração com encontros regulares para reforço dos resultados e decisões estratégicas, contando com o apoio de especialistas internos e consultores externos. O fundador fez uma lista com seus aprendizados e suas linhas mestras para decisões profissionais:

- Conhecer em profundidade absoluta a realidade financeira da empresa.

- As pessoas são o ativo interno mais importante, mas ninguém é insubstituível.

- Senso de urgência para a tomada de decisão.

- Ter procedimentos operacionais padrões escritos é fundamental para a boa rotina do negócio.

- É importante ser conservador nos princípios financeiros.

- Importante demais fazer o planejamento de tudo. Pensar e agir, aperfeiçoando sempre.

- A empresa é para aumentar o patrimônio e sucesso, vindo do lucro líquido.

- Necessidade de reinvestir na empresa, para um crescimento coerente.

- Empresa não é para o sócio abrir buraco nem tapar buraco.

- Manter a empresa enxuta, eficiente, centrada e focada em resultados.

- Treinar, cobrar e motivar sempre.

- Fazer financiamento apenas para investimentos, estimando friamente o retorno no curto e longo prazos.

- Poupar pelo menos 10% da receita bruta, como reserva de emergência e investimentos.

- Monitorar continuamente o mercado, concorrentes e clientes: atualidades e tendências.

- A empresa precisa ser conservadora nas finanças e inovadora em produtos, serviços e modelo de negócios.

A Altura Andaimes de São Paulo e o Grupo Bograntex Indústria do Vestuário, dono da marca Boca Grande, apesar da situação grave em seus respectivos setores no biênio 2015-2106, sofreram menos e atingiram resultados satisfatórios igualmente por seguirem com disciplina os 10 pilares.

Em especial, redirecionaram esforços para mercados com maior potencial de crescimento, fortaleceram suas marcas, trocaram líderes comerciais com baixo desempenho, mantiveram os investimentos na melhoria da gestão e do conselho de administração, atualizaram o planejamento estratégico, aumentaram o alinhamento entre os sócios e implementaram o controle rigoroso do caixa: metas de lucratividade nas negociações, repactuação de preços com atuais e novos fornecedores, provisionamento para recomposição das perdas e redução da inadimplência.

Outra empresa que se destacou no período da crise brasileira foi a Biocomp, perseguindo os 10 pilares e modelo da 3G Capital, gestora de todos os negócios dos fundadores da Ambev. A disciplina financeira dos fundadores, para seguir com os reinvestimentos crescentes, foi exemplar: mantiveram os próprios salários num nível mínimo, afastaram um sócio que não contribuía para o negócio e fizeram sacrifícios extraordinários para crescerem a receita, os lucros e conquistarem mercados estratégicos.

Se você igualmente se comprometer e implementar essas melhores práticas para criar e desenvolver sua organização, aplicando-as com rigor em tempos bons e ruins, estáveis e instáveis, terá um empreendimento capaz de arrancar na frente dos concorrentes assim que a turbulência começar. Quando uma calamidade atinge violentamente um setor ou toda a economia, as organizações se posicionam em uma dessas três categorias: as que arrancam na frente, as que ficam para trás e as que morrem. A tragédia, por si só, não determina em qual categoria você se enquadra, só quem pode determinar isso é você mesmo!

5. GESTÃO ESTRATÉGICA REFERÊNCIA MUNDIAL: CASO 3G CAPITAL (AMBEV)

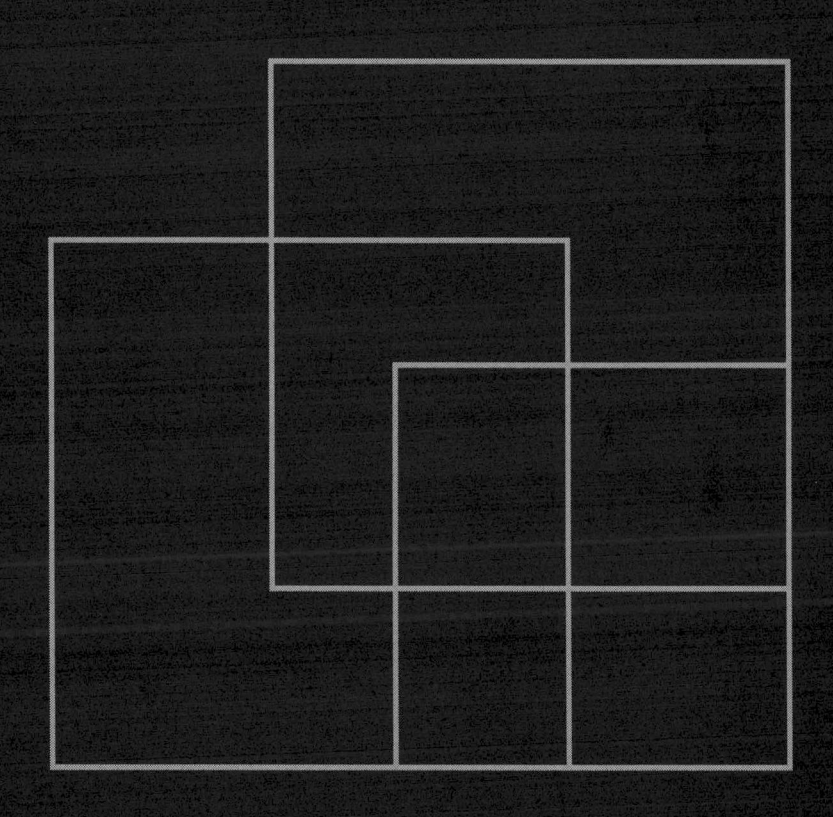

Jorge Paulo Lemann, Carlos Alberto Sicupira e Marcel Telles – fundadores da Ambev – desenvolveram um modelo de gestão que é estudado por todas as consultorias e escolas de negócios nacionais e internacionais, em razão dos bons resultados e relativa simplicidade. Implemento-o com sucesso há muitos anos (ver Pilar 8, na página 67) e várias empresas inspiram-se nesse modelo, adequando-o à sua realidade, para implementar uma boa gestão estratégica.

Atualmente o trio fundador da Ambev comanda várias empresas por meio de uma empresa de investimentos chamada 3G Capital (www.3g-capital.com), administrando um portfólio que movimenta centenas de bilhões de dólares por ano: AB Inbev (AmBev, InBev/Interbrew e Anheuser-Busch) – maior cervejaria do mundo –, Lojas Americanas, B2W, Budweiser, Kraft Foods, Heinz, Burguer King e outras.

Esse modelo de gestão baseia-se no autoconhecimento, *benchmarking* (referência nas melhores práticas), objetivos e metas claras, simplicidade, meritocracia e investimento em pessoas. A seguir, apresento uma síntese direcionadora, para você compreender e implementar na sua organização.

A cultura e o estilo empresarial originaram-se no Banco Garantia, fundado por Jorge Paulo em 1971. Do Goldman Sachs "copiaram" a meritocracia, o treinamento das pessoas, o oferecimento de oportunidades e a cobrança por trabalho duro. Do Walmart trouxeram a busca pelo "sonho grande" e da GE (General Electric) o foco na boa execução: eficiência e eficácia. Aprenderam com Matsushita da Panasonic que é preciso um homem de negócios ser mais amado pelas pessoas que trabalham na empresa e pelas pessoas que compram os produtos. Jim Collins ensinou-os a importância de se construir negócios "feitos para durar", alicerçados numa cultura forte. Incorporaram da gestão da qualidade total o tripé: liderança, conhecimento técnico e método analítico, onde uma boa análise é fundamental para orientar o que fazer para um resultado específico. Warren Buffett inspirou o foco em negócios simples e fáceis de compreender, aversão à ostentação e ao entendimento que os executivos precisam sentir-se "donos" para desempenhar bem seu papel.

"Clima de confiança com interdependência" é a primeira das 3 pernas principais desse modelo de gestão inovador. Jorge Paulo, Marcel Telles e Beto Sicupira regem-se pela confiança e cumplicidade; respeito mútuo, às vezes concordam, às vezes discordam, mas sempre ficam bem; e convívio intensivo, trocando informações, gerando ideias, correndo riscos, movimentando bilhões de dólares, todos juntos.

Jorge Paulo enfatiza que possuem um sonho grande em comum, mas dão certa liberdade para o indivíduo também se realizar dentro da sua individualidade. Reforça que ninguém quer roubar a cena para si, que cada um respeita a individualidade do outro e o ajuda a crescer. Marcel explica que o fato de cada um poder tomar decisões sem pedir permissão aos outros, em um mecanismo de deferimento, faz toda a diferença. Não ficam perdendo muito tempo com o passado, com o que aconteceu ou deixou de acontecer. Não deu certo? Partem para outra...

Todos pescam, mergulham juntos e respeitam a vida pessoal de cada um: interesses, hobbies e família. Respeitam a senioridade de Jorge Paulo, cultivam o prazer de trabalhar e evoluir juntos, admirando-se mutuamente, a despeito das diferenças. Vislumbram um futuro comum, preparando os herdeiros e toda família para continuarem a sociedade, onde o conjunto vale mais do que qualquer coisa unilateralmente. Gostam de correr alguns riscos e reforçam a segurança da decisão: se algo der errado, podem contar uns com os outros.

Nas empresas, o fato dos resultados de cada um, líderes e gestores, interferirem na remuneração variável do outro cria uma dependência na prática, que somada à confiança provoca certa cumplicidade entre todos. Cada um precisa saber tolerar o erro do outro, lidar com o ciúme e controlar o ego em prol da equipe. Especialmente em momentos de crise, o ideal é colocar o ego de lado e focar a entrega, o resultado pactuado.

"Primeiro quem depois o quê" é a segunda das 3 pernas do modelo de gestão 3G Capital. Acreditam que grandes empresas são necessariamente formadas por pessoas excelentes e que essa constitui a única vantagem competitiva realmente sustentável nos negócios. Entendem que pessoas excelentes são atraídas por 2 coisas: sonhos grandes e oportunidade de conviver com outras pessoas excelentes, estabelecendo como critério de seleção principal que os indivíduos contratados sejam melhores do que os responsáveis pela contratação. Definem ainda, como premissa de promoção, que só quem tiver formado sucessores de primeira linha pode ascender, reforçando com processos organizacionais o desenvolvimento das pessoas. Oferecem oportunidades para qualquer um sair da zona de conforto e ir além, facilitadas pela informalidade e sinceridade.

Fazem com que as pessoas se sintam verdadeiramente donas da empresa em que atuam, tanto remunerando-as de acordo com o resultado como cobrando-lhes responsabilidade pessoal. Assim definem o profissional excelente: fanático pela entrega, capaz de trabalhar duro para cumprir suas metas e reduzir custos permanentemente, sempre insatisfeito com o desempenho, sabe que apenas esforço não é resultado, melhorando cada detalhe sem jamais perder o senso de urgência ou tomar atalhos que ponham em risco as marcas e a reputação corporativa. Frases prediletas: *"missão dada é missão cumprida"*; *"faca no dente e sangue no olho"*; *"custo é igual unha, precisa cortar sempre"*; *"é mais fácil segurar louco do que fazer burro andar"*.

"Eficiência e eficácia", devidamente alimentadas pela cultura organizacional, é o terceiro pilar do modelo de gestão 3G Capital. A ideia é promover uma virada (*turnaround*) na empresa, fazendo as difíceis mudanças necessárias a favor do desempenho, por meio da liderança em campo, conhecimento técnico e método – disciplina.

A liderança em campo, ou liderança em ação, enfoca o recrutamento e seleção de modo a ter os melhores profissionais do momento, educação e treinamento à exaustão, criação de um bom clima interno e valorização do lado humano. Repete-se incansavelmente que as atitudes e ações são mais poderosas que as palavras, que o verdadeiro líder tem humildade, boa vontade, é atencioso e, ao mesmo tempo, enérgico e com senso de urgência.

O conhecimento técnico significa trazer e aprender com os melhores, contribuindo para a exploração de novas fronteiras e oportunidades de inovação. Marcel Telles explica, por exemplo, que no mercado de cervejas há muitas oportunidades de inovação em embalagens e no próprio líquido, além de inovações que podem atender a ocasiões diversas de consumos e diferentes perfis de consumidor.

Ter método, do grego *Meta + Hodós*, significa ter clareza sobre a meta (*Meta*), o resultado a ser atingido, e o caminho (*Hodós*) para atingi-lo. Uma vez que a gestão gerencia para conseguir resultados, sabendo-se o caminho assegura-se uma gestão mais competente, com decisões baseadas em fatos, dados e evidências. O primeiro passo é definir, para a empresa como um todo e para cada área que a compõe, de 3 a 5 objetivos claros de resultados. O segundo passo é propor e executar um plano detalhado de ação. O terceiro passo é monitorar a execução e confirmar os resultados, registrando e padronizando o que deu certo, treinando à exaustão as pessoas envolvidas. Se algo saiu errado, analisar e atuar nas causas para retomar o desempenho adequado.

A disciplina é fundamental em tudo que fazem: sistemas e tecnologias para avaliar a performance, indicadores-chave de desempenho e sempre planejar, executar, verificar os resultados e agir, padronizando as práticas que deram resultados e corrigindo aquelas que deram resultados abaixo do esperado. Recomendam duas medidas para facilitar a eficiência: começar a trabalhar com quem quer trabalhar e atacar primeiro as frutas mais baixas e maduras, ou seja, fazer prioritariamente o que traz mais resultados e demanda menos esforços. Agem para que as empresas sejam leves e enxutas, porque assim sobram mais recursos para investir e incrementar as vendas, ter caixa e sobreviverem tempos difíceis...

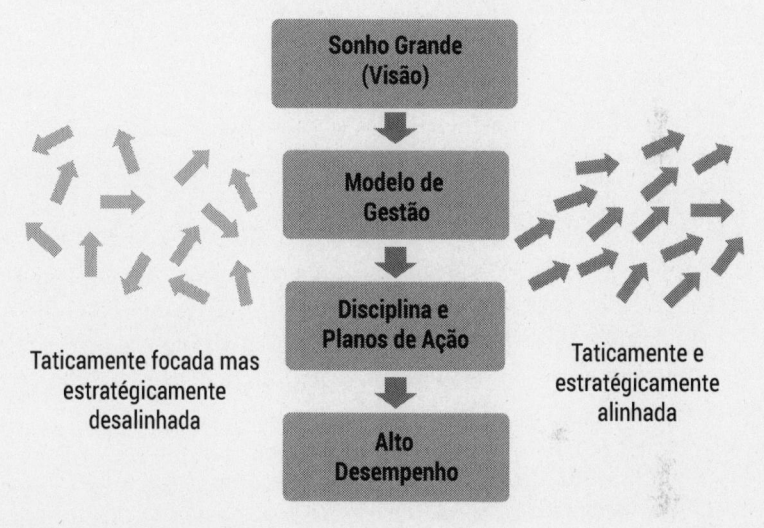

Figura 7: Adaptação do autor e Harvard Business Review.

De modo geral, esses são os fundamentos que caracterizam a gestão estratégica das empresas sob a gestão dos fundadores da Ambev, que você pode implementar e aperfeiçoar na sua própria organização, com muita coragem para realizar as mudanças necessárias. Reitero que implemento este modelo há anos, adaptando-o ao setor e porte das empresas, com ótimos resultados no curto, médio e longo prazos. Lembre-se: a boa gestão é o pavimento para você conseguir dobrar seus resultados!

6. INTELIGÊNCIA DE MERCADO E DINAMISMO ESTRATÉGICO

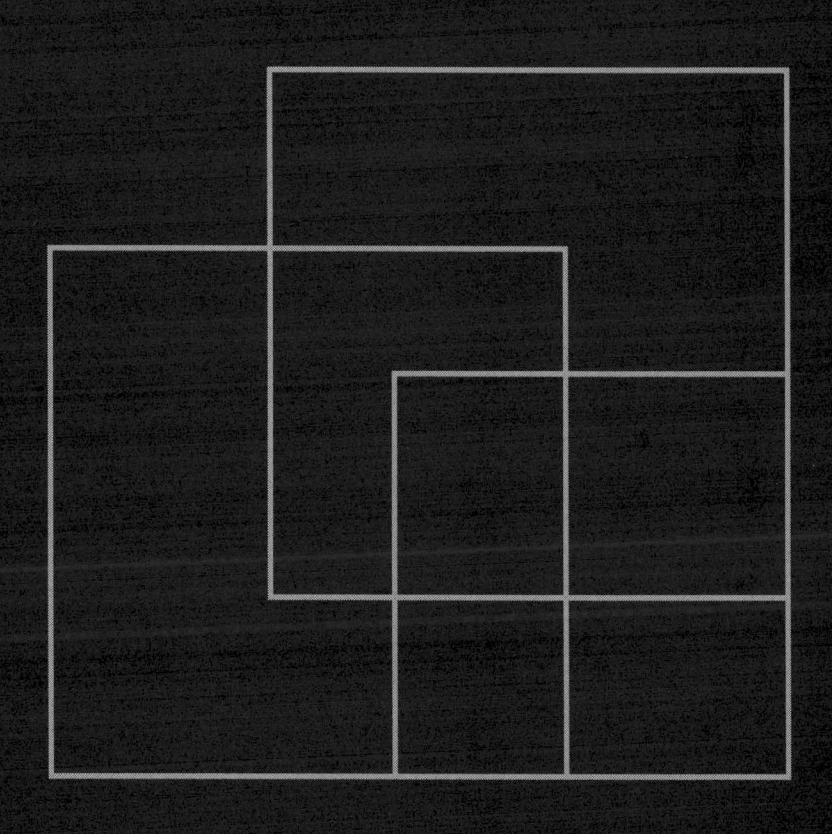

Com a competitividade acelerada, em todos os setores, as empresas têm cada vez mais dificuldades em sobreviver porque precisam de grandes investimentos e muito dinamismo para se adaptarem às mudanças. A intensificação da concorrência, com a abertura para produtos e empresas estrangeiras, redes sociais, comércio eletrônico e desenvolvimento de novas tecnologias, potencializou a velocidade do fluxo de informações, criando novas formas de fazer negócios. Para sobreviver em mercados hipercompetitivos, você precisa construir bases fortes de dados e informações que apoiem suas decisões e estratégia, protegendo-o das tempestades...

O argumento central da hipercompetitividade é que nenhum tipo de vantagem competitiva perdura por muito tempo, sendo colocada à prova principalmente em momentos de crise de confiança. As organizações com vantagem competitiva são aquelas que conseguem romper a "mesmice" do mercado onde atuam e desenvolver relações superiores com seus clientes e demais públicos relevantes. Como a competição vem de todos os lugares e formas – novos concorrentes, alianças estratégicas, novas tecnologias, produtos e serviços, tendências sociais ou culturais –, conduzir os negócios da mesma maneira de sempre, confiando na experiência do passado, não é a melhor opção para atuar em ambientes desafiadores.

A necessidade de buscar informações para embasamento da tomada de decisões também pode se transformar em armadilha, considerando a quantidade de informações produzidas e disponíveis atualmente. São bilhões e bilhões de dados, atualizados a todo instante, de modo que apenas uma edição do jornal The New York Times contém mais informações do que uma pessoa poderia receber em toda a sua vida na Inglaterra do século XVII. Daí a necessidade do critério de seleção das informações mais relevantes e ligadas ao negócio, para serem internalizadas e interpretadas segundo o cenário do ambiente competitivo atual e futuro.

Composta por diversas áreas do conhecimento, a inteligência de mercado é o processo de garimpar, analisar e estruturar informações, tanto qualitativas quanto quantitativas, para o profundo entendimento sobre a lógica do negócio e o direcionamento das decisões a serem tomadas. Orienta-se pela estratégia e resultados prioritários buscados pela organização, prevendo oportunidades e riscos, avaliando e acompanhando o ambiente concorrencial.

Monitora sistematicamente as informações que afetam o mercado – econômicas, ambientais, demográficas, políticas, tecnológicas, marcos regulatórios, produtos e concorrentes –, desenvolve o entendimento da forma de agir dos competidores-chave da empresa, busca transformar ativamente as informações obtidas em estímulos internos para novos produtos e serviços, projetos de ampliação e entrada em mercados, fortalecimento da marca e reputação, programas específicos para clientes, alinhamento da comunicação institucional, projetos de melhoria do relacionamento com os públicos relevantes e formação da cultura direcionada pelo mercado.

Em todos os setores da empresa, identifica complementarmente as informações capazes de direcionar melhor as decisões, relacionando-as entre si e com as informações externas, para que suas causas e efeitos se tornem claros e mais precisos. Apoia com análises, estudos específicos, identificação das melhores práticas e diretrizes, definição dos indicadores de desempenho, bases tecnológicas, bancos de dados e interface amigável entre as formas de análise e sua utilização pelos gestores. Pode orientar ainda a área de Recursos Humanos, na formação das equipes que representarão a promessa de marca da empresa, de acordo com as características e expectativas de cada um dos diferentes perfis de clientes.

Mas para não se perder, a informação precisa ser organizada de modo a questionar, suportar e colocar à prova a estratégia definida, evitando a coleta de dados inúteis ou de pouca relevância. Não basta fornecer informações, elas devem ter pertinência empresarial, testar as premissas da empresa e afrontar as perspectivas vigentes. Implemente um núcleo ou área de inteligência de mercado, direcionando a coleta e análise das informações com o objetivo de fornecer recomendações para a tomada de decisões, dar mais segurança ao aperfeiçoamento e execução da estratégia e permitir o bom desempenho num ambiente turbulento.

6.1. MISSÃO E BENEFÍCIOS DA ÁREA DE INTELIGÊNCIA DE MERCADO

Ao conseguir antecipar eventos futuros, você se prepara melhor para enfrentá-los aproveitando oportunidades e minimizando ameaças, e isso pode representar um excelente diferencial para a sua gestão estratégica! Jack Welch, eleito o executivo do século XX, afirma que comandou a GE focando sempre em duas fontes de vantagem competitiva: a capacidade de aprender mais sobre os clientes e transformar esse conhecimento em ações, mais rapidamente que os concorrentes.

Sinteticamente, a missão da área de inteligência de mercado é:

- Prover conhecimento mercadológico, interna e externamente, visando desenvolver projetos estratégicos e táticos que apoiem as metas corporativas.

- Assegurar o conhecimento do mercado, visando a identificação contínua de oportunidades para a empresa.

- Apoiar a entrada em novos mercados.

- Estimular ideias para melhoria e criação de novos produtos e serviços.

- Monitorar proativamente o perfil dos clientes.

- Manter constante e persistente vigilância sobre a concorrência, incluindo uma investigação permanente sobre seus planos de crescimento e desenvolvimento.

- Fazer análises específicas e recomendar decisões.

- Contribuir para a perenidade e resultados da organização.

As principais ações e projetos de inteligência de mercado são:

- Direcionar e usar ativamente as informações relevantes sobre os clientes e mercados onde a empresa atua e pretende atuar: interação com consultorias, bancos de investimento, agências reguladoras e de risco, corretoras, especialistas do setor, institutos de pesquisa etc.

- Produzir análises sobre conjuntura e perspectivas econômicas, mercados, novos negócios e oportunidades para aumento dos resultados.

- Apoiar as ações e discussões estratégicas: informações internas e externas, campanhas de comunicação, posicionamento, melhores práticas nacionais e internacionais, indicadores-chave de desempenho, lucratividade e receitas.

- Apoiar diretamente os gestores com recomendações específicas de decisões, relativas à sua área de atuação e de acordo com a estratégia empresarial.

- Interação com área de pesquisas, estatística, tecnologias e desenvolvedores de soluções.

- Apoiar a captação de recursos investidores e desempenho geral, fortalecendo institucionalmente a marca com a satisfação e fidelização dos clientes e outros grupos importantes.

Os benefícios da inteligência de mercado são:

- Organizar e documentar de maneira estruturada os processos, facilitando o planejamento, operação e as melhorias, quando da necessidade de ajustes rápidos.

- Criar e manter uma memória organizacional de problemas e soluções, acessível a todos, de tal forma que seja mais fácil e rápida a incorporação de novos colaboradores, a reação em momentos de crise e as respostas aos clientes.

- Desenvolver redes de relacionamentos com fornecedores e parceiros de negócio, possibilitando alterações mais ágeis no processo produtivo, em emergências e na eventualidade de demandas não planejadas.

- Criar e atualizar um conjunto mínimo de informações sobre seu ambiente competitivo, abrangendo clientes, consumidores, concorrentes, indicadores econômicos, legislação, fornecedores, tecnologia de processo e de produto.

- Favorecer e incentivar um clima de liberdade para reflexão, experimentação e compartilhamento de ideias, experiências e conhecimentos entre todos na empresa.

- Participar de fóruns setoriais, discussões, debates, trocas de informações e experiência, visando contato permanente com os desenvolvimentos de processos e produtos no setor, tanto nacional quanto internacionalmente.

- Implantar práticas diferenciadas de incentivo, premiação e recompensa – financeira e não financeira – aos colaboradores, diretamente vinculadas aos resultados da empresa, às contribuições individuais e em equipe, ampliando o aprendizado coletivo.

- Incentivar o conhecimento sobre clientes, processos e produtos, entre outros, como valor da empresa, estimulando o aperfeiçoamento individual e das equipes.

- Desenvolver a percepção dos colaboradores em relação ao empreendedorismo e aos diferenciais competitivos.

Tenha em mente que a sua empresa influencia e é influenciada na interação constante com o ambiente externo, por isso a formulação e execução da estratégia não pode negligenciar o monitoramento permanente dessa evolução. As oportunidades e ameaças identificadas externamente, em termos práticos, direcionam as análises e decisões internas: cultura, lideranças, tecnologias e sistemas, relações de poder, inovação, norteadores e valores compartilhados, áreas funcionais, investimentos e finanças, parcerias, remunerações e processos do negócio. A seguir, uma lista de sites recomendados:

Survey Monkey	pt.surveymonkey.com/
Lime Survey	www.limesurvey.org/pt
Google alerts	www.google.com.br/alerts
Google Insights	www.google.com.br/insights
Google Trends	www.google.com.br/trends
SM2	www.alterian.com/socialmedia/products/sm2/
SOCIAL MENTION	www.socialmention.com
HOW SOCIABLE	www.howsociable.com/
ICE ROCKET	www.meltwater.com/pt/
LITHIUM	www.lithium.com/
ADDICT-O-MATIC	www.socialmediaexaminer.com/tag/addictomatic/
KLOUT	klout.com/home
MENTIONMAP	http://mentionmapp.com/
WHO`S TALKIN	whostalkin.com

7. INDICADORES DE DESEMPENHO

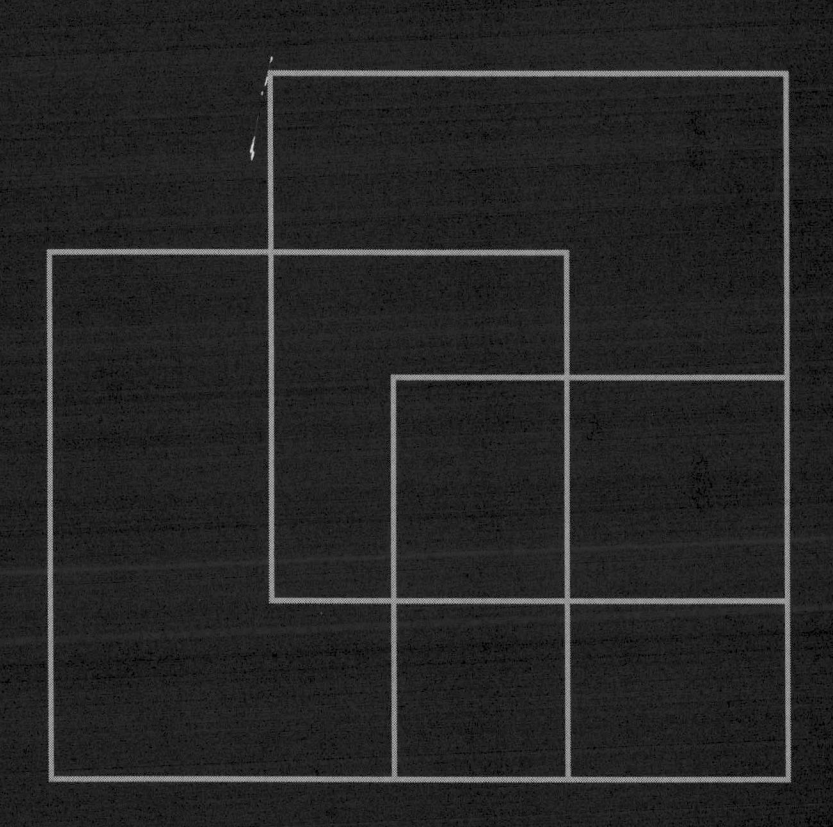

Umas das maiores dificuldades enfrentadas pelas empresas é selecionar os indicadores de desempenho que medirão o sucesso das implementações. A medição da evolução das ações e projetos é a referência para sabermos se estão dando, ou não, os resultados pretendidos. Listo abaixo vários exemplos dos indicadores mais utilizados pelas empresas de alto desempenho. Escolha os mais adequados aos resultados definidos pela sua organização ou área de atuação.

7.1. INDICADORES RELATIVOS A CLIENTES E MERCADOS:

- % de clientes efetivamente atendidos e abrangidos pelos serviços
- Índice de satisfação (medição por pesquisa ou a critério da empresa)
- Índice de retenção = retenção efetiva de clientes / total de clientes que manifestaram desejo de sair
- Lucratividade total, por cliente total (ou segmentado)
- Aquisição de novos clientes (por mercado, por produto, por serviço)
- Índice de *churn* (perda de clientes / total de clientes)
- Quantidade de visitas a prospects (semanal ou mensal)
- Quantidade de visitas aos clientes key accounts, "diamantes" e "ouro" (mensal e trimestral)
- Índice de conversão: quantidade de propostas comerciais aceitas / quantidade de propostas apresentadas
- Participação % no volume de compras totais dos clientes (relacionadas ao seu negócio e área de atuação)
- Participação de mercado (market share)
- Quantidade de reclamações
- Quantidade ou % de devoluções
- Imagem junto à comunidade (medição por pesquisa ou a critério da empresa)
- Tempo dedicado aos clientes versus número de horas trabalhadas
- Número de visitas dos clientes à organização

- Número de dias, por colaborador de vendas, em visitas a clientes
- Número de clientes/número de empregados
- Número de acessos ao site e redes sociais, na Internet
- Retorno em % das reclamações
- Prêmios recebidos dos clientes e do mercado
- Índice de Reputação Corporativa (medição por pesquisa ou a critério da empresa)
- Orçamento em projetos direcionados aos clientes/orçamento total
- Orçamento em projetos direcionados aos mercados/orçamento total

7.2. INDICADORES RELATIVOS A PRODUTOS E SERVIÇOS – INOVAÇÃO, PRODUÇÃO, OPERAÇÃO E FABRICAÇÃO:

- Quantidade ou % de não-conformidades nos projetos
- Percentual da receita vinda de novos produtos
- Quantidade de patentes (evolução em % ao longo dos anos)
- Custo médio dos projetos
- Custo operacional por produto e serviço, como % em relação à receita total
- Quantidade ou % de ideias transformadas em produtos
- Tempo médio de desenvolvimento de novos produtos
- Entregas no prazo
- Índice de qualidade dos produtos
- Confiabilidade dos equipamentos, das unidades fabris (em %)
- Disponibilidade de equipamentos, plantas, tecnologias (em %)
- Tempo do ciclo de vida de cada produto e serviço
- Prazo de resposta às solicitações
- Quantidade de serviços prestados (pós-venda)
- Atendimento (%) aos requisitos estabelecidos para o serviço e produto
- Quantidade ou % de erros apresentados
- Tempo de execução na fabricação do produto ou serviço

- Quantidade ou % de novas tecnologias empregadas
- Quantidade ou % de não-conformidades em auditorias
- Quantidade ou % das ideias dos empregados, efetivamente implementadas
- Quantidade consumida de recursos ou insumos específicos, por produto ou serviço
- Relação entre a quantidade de produto versus quantidade de insumos
- Quantidade de horas paradas, devido a falhas
- Variabilidade na produção (em %)
- Confiabilidade dos sistemas tecnológicos, em %

7.3. INDICADORES RELATIVOS AOS RESULTADOS ECONÔMICO-FINANCEIROS:

- Receitas totais (comparar com o período anterior, com o mesmo período do ano anterior e com o acumulado no ano)
- Lucro líquido (comparar com o período anterior, com o mesmo período do ano anterior e com o acumulado no ano)
- Retorno sobre o patrimônio líquido
- Valor econômico agregado (resultado financeiro acima do mínimo exigido pelos sócios/acionistas)
- Índice de liquidez
- Geração de caixa (valor nominal ou índice: comparado com a receita operacional líquida)
- Equilíbrio financeiro (medição a critério da empresa)
- Relação entre os recursos planejados e executados (desvio, em %)
- Redução de custos operacionais
- Redução das despesas operacionais
- Receitas auferidas com a exploração de imóveis (aluguel de instalações a terceiros)
- Eventos orçamentários de natureza extraordinária sobre o montante de recursos recebidos
- Recursos investidos em conservação e preservação do patrimônio

- Recursos investidos na melhoria dos processos
- Participação da equipe financeira em projetos estratégicos (expresso em Homem-hora ou %)

7.4. INDICADORES RELATIVOS A PESSOAS – RECURSOS HUMANOS E LIDERANÇA:

- Absenteísmo
- Rotatividade
- Quantidade total de sugestões de melhorias
- Índice de satisfação dos empregados e terceiros (medição por pesquisa ou a critério da empresa)
- Horas de treinamento (total, por equipes e individual)
- Eficácia do treinamento (medição a critério da empresa)
- Frequência e gravidade dos acidentes no trabalho
- Escolaridade dos colaboradores
- Quantidade de greves
- Rodízio das funções de trabalho
- Evolução da quantidade de equipes (em % ou nominal)
- Extensão e eficácia dos sistemas de remuneração e reconhecimento
- Indenizações pagas
- Índice de capacitação e reconhecimento
- Promoções de acordo com critérios técnicos
- Clima organizacional (medição por pesquisa ou a critério da empresa)
- Número de arranjos espaciais nas áreas de trabalho realizados versus desempenho dos empregados
- Nível de adequação do perfil profissional
- Índice de comprometimento profissional (medição a critério da empresa)
- Quantidade total de ações trabalhistas
- Rotatividade dos gerentes e líderes do alto escalão (%)
- Valor investido em consultorias

7.5. INDICADORES RELATIVOS A FORNECEDORES:

- Qualidade dos produtos e serviços prestados (medição por pesquisa ou a critério da empresa)
- % de não-conformidade nos itens adquiridos
- Entregas no prazo e fora do prazo(em %)
- Tempo médio de atendimento
- Custos dos insumos, relacionados em % do faturamento
- Índice de desempenho dos fornecedores (medição a critério da empresa)
- Giro de estoque dos insumos
- Nível de solução das não-conformidades relatadas
- Índice de requisições atendidas versus requisições feitas
- Número de horas paradas em decorrência da falta de matérias--primas, materiais ou equipamentos a serem adquiridos
- Participação dos fornecedores nas economias obtidas pela organização
- Redução de rejeitos ou resíduos
- Melhorias na produtividade decorrente das ações dos fornecedores
- Quantidade de ocorrências de conflitos com fornecedores
- Nível de satisfação das parcerias (medição por pesquisa ou a critério da empresa)
- Fornecedores certificados com ISO

7.6. INDICADORES RELATIVOS À SOCIEDADE – RESPONSABILIDADE SOCIAL:

- % da receita investida em ações sociais
- Quantidade de rejeitos
- Nível de poluição
- Número de não-conformidades ambientais
- Quantidade de sanções ambientais

- % de empregados envolvidos em ações sociais
- Quantidade de inserções espontâneas na mídia
- Quantidade de campanhas sociais das quais a empresa participou
- Volume de recursos arrecadados (financeiros, alimentos, brinquedos, roupas)
- Volume de recursos doados
- Quantidade de pessoas alfabetizadas por programas da organização
- Quantidade de eventos internos realizados para debate sobre o papel da empresa e da importância da cidadania
- Volume e ações de combate ao desperdício e preservação do meio ambiente: quantidade de papel reciclado, quantidade de economia de energia etc.
- Prêmios ou distinções na comunidade e sociedade
- Projetos específicos para aumento da cidadania e responsabilidade social
- Quantidade de horas dedicadas em ações sociais: líderes e equipes

7.7. INDICADORES RELATIVOS A VALORES E ESTRATÉGIAS ORGANIZACIONAIS:

- Clareza e acesso à estratégia corporativa
- Canais internos utilizados para fortalecimento das competências mercadológicas
- Valores investidos em treinamento e consultorias para melhoria da gestão estratégica
- Reuniões para *feedback* da execução estratégica (mensais, semanais etc.)
- Seminários sobre o setor, perspectivas de mercado e estratégia (mensais, semestrais etc.)
- Confiabilidade de sistemas de apoio à inteligência de mercado (em %)
- Valores investidos na inteligência de mercado
- Quantidade de documentos sobre ética corporativa e % de empregados envolvidos

- Índice de postura ética dos dirigentes e compreensão do papel do gestor (medição por pesquisa ou a critério da empresa)

- Quantidade de projetos constantes do plano estratégico da empresa

- Índice de satisfação com as lideranças, de acordo com os resultados pactuados

- Índice de satisfação com os serviços de apoio à execução da estratégia

- % de acessos à rede de intranet e Internet, por área e função

- % de pesquisas e interações com sistemas de informação corporativos

- Tempo médio de desenvolvimento de aplicativos, para apoio à gestão

- Quantidade de soluções tecnológicas adquiridas

- Ganhos promovidos nos processos finais versus os custos de funcionamento da área ou estrutura de apoio

- Horas de treinamento versus melhorias nos processos finais

- Horas de treinamento versus redução do número de reclamações dos acionistas, comunidade, parceiros e colaboradores

7.8. INDICADORES RELATIVOS À CADEIA LOGÍSTICA:

- Tempo de Ciclo do Pedido (TCP) – em dias

- Data de entrega do pedido, menos a data de solicitação do pedido pelo cliente

- Nível de Serviço (NS) – em %

- Pedidos prontamente atendidos dividido pelo total de pedidos

- Desempenho do Programa de Entregas (DPE) – em %

- Unidades e quantidades entregues divididas pelas unidades ou quantidades prometidas

- Expedição de Pedidos no Prazo (EPP) – em %

- Pedidos expedidos no prazo divididos pelo total de pedidos expedidos

- Desempenho do Plano de Produção (DPP) – em %

- Produção realizada dividida pela produção planejada

- Giros de Estoques (GE)– em número de vezes / ano ou mês
- Valor líquido anual ou mensal das Vendas (R$) dividido pelo valor do estoque (R$), incluindo matérias-primas + materiais em processo + produtos acabados
- Acurácia dos Saltos de Estoques (ASE) – em %

Número de itens corretos (saldo físico = saldo contábil) dividido pelo número de itens verificados

- Valor Agregado (VA) – em %

Valor Líquido Anual das Vendas (Faturamento – Impostos, em R$) dividido pelo Valor Anual das Compras (matérias-primas + componentes, em R$)

- Custos de Suprimentos (CS) – em %

Total dos custos de suprimentos (R$) dividido pelo Valor Líquido Anual das Vendas

- Custo de Distribuição (CD) – em %

Total dos custos de distribuição física (R$) dividido pelo Valor Líquido Anual das vendas

- Custo Logístico Total (CLT) – em %

Total dos custos de compras/suprimentos + PPCP (planejamento, programação e controle da produção) + movimentação interna + distribuição física (R$) dividido pelo Valor Líquido Anual das Vendas (R$)

- Fator de Ocupação da Frota (FOF) – em %

Capacidade utilizada dos veículos (quantidade, tonelada) dividida pela capacidade total

8. PRINCIPAIS FERRAMENTAS DA GESTÃO PROFISSIONAL

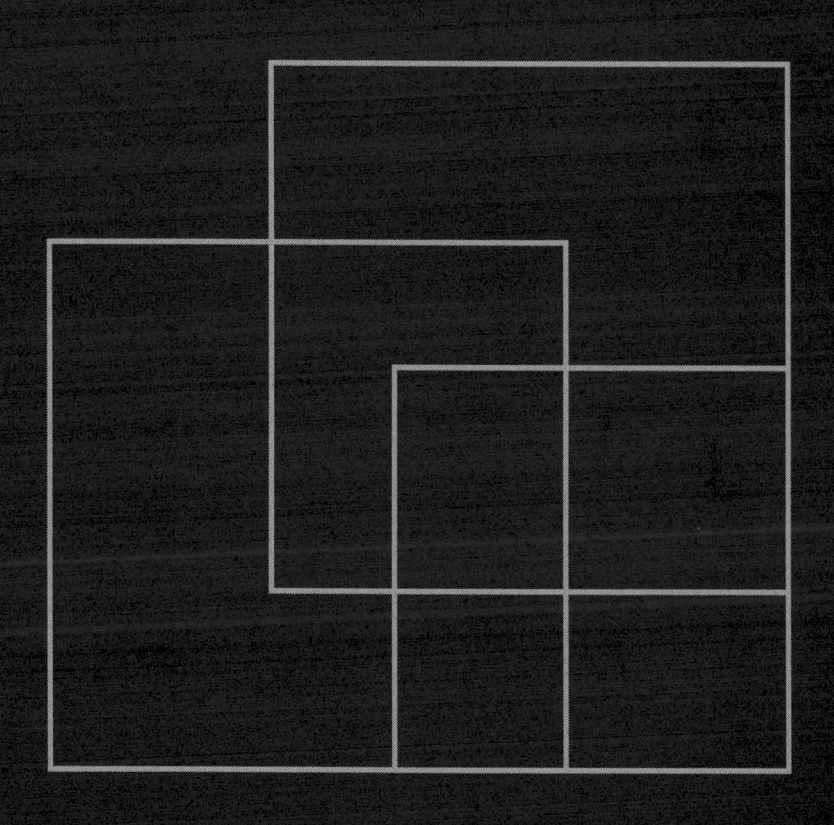

Utilizar corretamente as ferramentas de gestão facilita o entendimento e as implementações das ações e projetos da empresa, rotineiros e estratégicos. Poupa-se tempo, dinheiro, inteligência e energia para o alcance dos resultados pretendidos, contribuindo para a eficiência e eficácia da execução! Tenho visto várias organizações que por desconhecerem essas ferramentas simples acabam implementando mal, não resolvendo os problemas e nem atingindo as metas estabelecidas. Acesse www.carloscaixeta.com.br e baixe todos os modelos apresentados a seguir, fáceis de entender e implementar.

8.1. DRE GERENCIAL

Trata-se da adaptação da Demonstração do Resultado do Exercício contábil, incluindo o detalhamento de todos os itens que mensalmente compõem receitas, impostos, custos operacionais, despesas administrativas, investimentos, financiamentos, aplicações financeiras e formação do lucro líquido. Possibilita a visão completa de como se constrói o resultado econômico-financeiro (caixa e competência): análises da evolução mensal e trimestral, provisionamentos, orçamentos de manutenção e expansão, distribuição dos resultados, rentabilidade, lucratividade, redução da inadimplência, decisões de curto e longo prazos.

8.2. CICLO PDCA: PLANEJAR, EXECUTAR, CHECAR E AGIR

Antes, durante e depois de qualquer intenção ou tomada de decisão, estratégica ou tática, é preciso planejar, executar, checar e agir (*Plan*, *Do*, *Check* e *Act*). Planejar significa analisar e entender profundamente o que precisa ser solucionado ou provocado pela decisão, os benefícios e riscos potenciais, a capacidade da organização para implementar, estabelecendo-se os objetivos de resultados e detalhamento da execução (Planos de Ação). Executar significa implementar o que foi planejado, estruturando informações internas e externas sobre todas as etapas. Checar é o entendimento das informações estruturadas na etapa anterior, definindo-se o que está adequado ou inadequado perante as metas de resultados definidas. Agir significa entender as causas e corrigir o que não está de acordo com as metas, ou padronizar o que está adequado perante as metas.

Trata-se de um ciclo porque as etapas reforçam-se mutuamente, as ações corretivas ou de padronização possibilitam a melhoria e aprendizado contínuos, apropriados na sequência pelo planejamento e assim por diante. As demais ferramentas da gestão estratégica, como FCA e Plano de Ação, podem ser usadas complementarmente ao Ciclo PDCA.

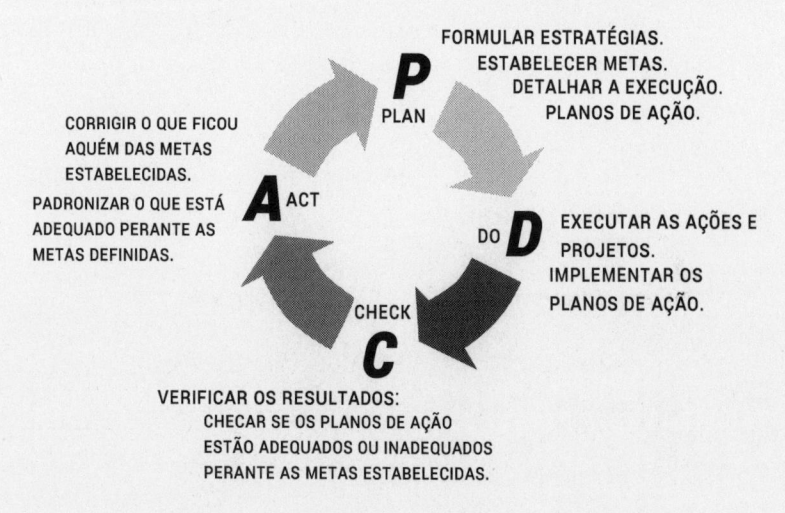

Figura 8: Adaptação do autor, W. E. Demin e Harvard Business Review.

8.3. ANÁLISE FCA: FATO, CAUSAS E AÇÕES

A Análise FCA permite o entendimento objetivo das causas e ações que solucionarão um problema ou provocarão um resultado desejado – alvo. Você pode usá-la tanto para situações pontuais mais rotineiras e simples quanto situações complexas, envolvendo a empresa como um todo ou áreas e indivíduos.

Sobre o "Fato", objetivamente temos 2 tipos: um problema ou um alvo, solucionar algo ou provocar algo. Diante de qualquer situação na organização, o primeiro passo é definir com clareza o problema que precisa ser resolvido ou o alvo a ser atingido. Alinhar esse ponto de vista é fundamental para que as pessoas discutam e interajam sobre a mesma coisa.

Esclarecido o fato, faz-se um levantamento completo das informações internas e externas disponíveis, incluindo especialistas sobre o tema, para entendimento das "Causas" prioritárias que impactam o fato. Você pode usar também a técnica do *brainstorming*, reunindo seus profissionais mais competentes para uma tempestade de ideias, aprofundando o entendimento. Se as causas estiverem muito gerais, desdobre-as até conseguir ter noção de alguma ação que poderia atuar especificamente sobre a causa desdobrada. Use o macete de sempre perguntar "o quê?", para o que deseja desdobrar, e "como?" para o consequente desdobramento. Atenção, não caia na armadilha da causa única! Nada é solucionado ou provocado por apenas uma causa e sim por um conjunto de causas, que evidentemente pode ter uma causa predominante, mas nunca única.

Esclarecido o fato e analisadas as causas prioritárias, fica fácil definir em linhas gerais as 'Ações' que atuarão sobre elas. Escolha e detalhe as que você consegue implementar e que impactarão mais fortemente as causas, utilizando o modelo "5Ws 3Hs", nossa próxima ferramenta e anteriormente apresentada na página 40.

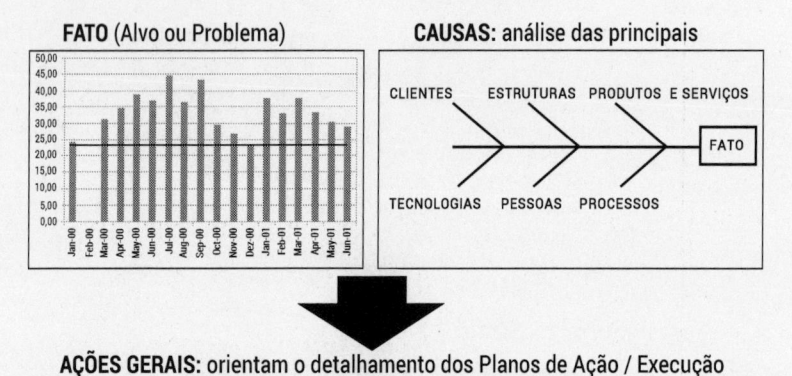

FATO (Alvo ou Problema)

CAUSAS: análise das principais

AÇÕES GERAIS: orientam o detalhamento dos Planos de Ação / Execução

	O QUE	POR QUE	ONDE	QUANDO	QUEM	COMO FAZER	QUANTO CUSTA	COMO MEDIR
AÇÃO 1	CLIENTE Y	Identificar novas oportunidades de negócios / Fidelizar o cliente.	Unidade SP	4ª semana do mês X	Responsável pela conta: Gestor 1 (indicar pessoa)	Definir as datas, planejar a visita. Seguir PP para visitas.	Fazer orçamento com a área responsável.	Visitas / mês
AÇÃO 2	PROSPECT X	Identificar oportunidades de negócios	Unidade BH	3ª semana do mês Y	Responsável pela conta: Gestor 2 (indicar pessoa)	Definir a data, planejar a visita (abordagem). Seguir o PP para visitas.	Fazer orçamento com a área responsável.	Visitas / mês Negócios gerados após vsitas (quantidades e valores $$$)

Figura 9: Adaptação do autor, Fundação Dom Cabral e McKinsey & Company.

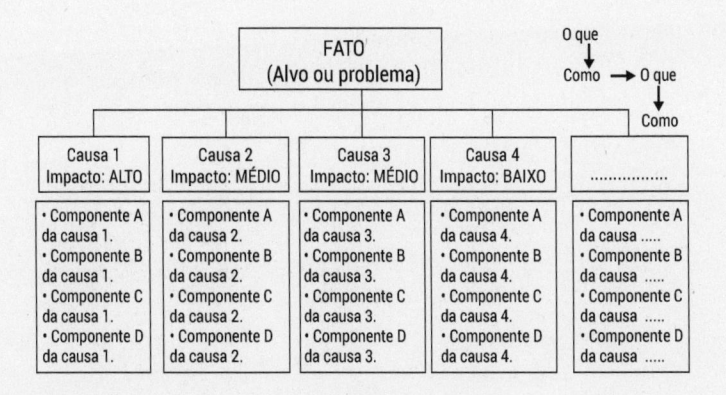

Figura 10: Adaptação do autor e McKinsey & Company.

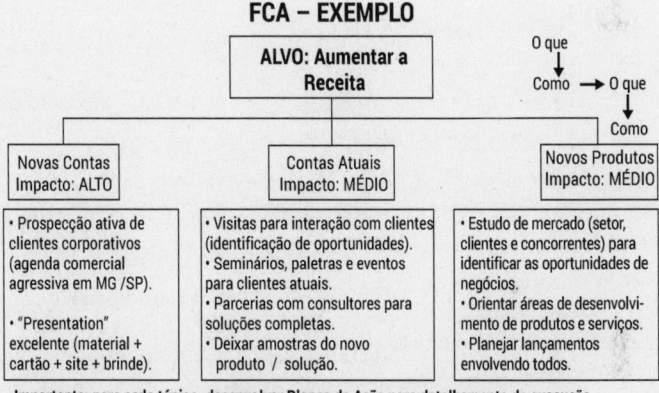

Figura 11: Adaptação do autor e McKinsey & Company.

8.4. PLANO DE AÇÃO / EXECUÇÃO 5WS 3HS

O Plano de Ação e Execução 5Ws 3Hs, termo derivado do inglês, é muito útil porque define para cada projeto ou ação específica: "o quê", "porquê", "quem", "onde", "quando", "como", "quanto" e "quais". Esses 8 itens forçam o detalhamento do entendimento da execução, resultados buscados, responsáveis e apoiadores necessários, local interno e externo, prazo da implementação, etapas e passo a passo da execução, investimentos financeiros e de tempo, indicadores e metas de desempenho. Orienta também a realização de reuniões para acompanhamento e aprimoramentos: correção do que não está funcionando e padronização do que está.

107

- WHAT – Explicar a ação de execução. No que consiste? Fazer o quê?

- WHY – Fundamentar a ação. Por que devemos implantá-la? Quais benefícios trará para a empresa? Contribuirá para quais objetivos estratégicos?

- WHO – Quem será o responsável? Precisará de quais pessoas para apoiá-lo?

- WHERE – Onde será implementada? Em qual mercado? Em qual escritório ou unidade de negócio?

- WHEN – Quando será implementada? Qual o início, meio e fim? Qual o prazo de execução?

- HOW – Como a ação será feita? Envolve algum fornecedor específico? Envolve outras empresas?

- HOW MUCH – Quanto vai custar o investimento? Valor financeiro e horas alocadas.

- HOW MANY – Como medir o sucesso da execução da ação? Definir os indicadores de desempenho e as metas.

Caso queira desenvolver utilizando plataformas na Internet, recomendo www.trello.com ou www.clockingit.com. Completas, seguras e fáceis de utilizar.

AÇÃO:		Coordenação da Ação:
Resultados Buscados:	Indicador 1:	Meta:
	Indicador 2:	Meta:
	Indicador 3:	Meta:

O que fazer?	Por que fazer?	Responsá- vel e Apoio	Onde?	Como fazer?	Em quan- to tempo "Deadline"	Investimento	Status da Ação	Observações

Figura 12: Adaptação do autor e McKinsey & Company.

8.5. RELATÓRIO DE INTERAÇÃO

Na maior parte das vezes, se as coisas não funcionam e se os resultados não aparecem é porque as pessoas não registram nem pactuam formalmente o que foi combinado. O Relatório de Interação é a forma de garantir que o que foi tratado e prometido em qualquer interação (reuniões, treinamentos, *brainstormings*, *workshops* etc.) seja implementado porque foi registrado: tipo e propósito da interação, data, local, assuntos tratados, quem estava e quem não estava presente, ações pactuadas com responsável e data da conclusão, assinatura dos participantes e data da próxima interação, para forçar a continuidade e monitoramento das ações combinadas. Se há registro, há responsabilidade e execução, se não há registro, é alto o risco de tudo ficar solto e sem resultados...

Tipo e Propósito da Interação: descrever (reunião / *Workshop* / acompanhamento / análises)		
Unidade:		
Data:	Início: Término:	Interação nº:
Presentes	**Ausentes:**	
Assuntos tratados:		
• Detalhar por tópicos...		
Agenda para a próxima interação (*descrever a interação*)		
Data: Hora:		Local:
Pauta:		
• Detalhar por tópicos...		
Compromissos (Ações Corretivas / Melhorias)	**Responsável**	**Data Limite**
Responsável pelo preenchimento e assinatura: Assinatura dos participantes		

Figura 13: Adaptação do autor e McKinsey & Company.

8.6. *TIME SHEET*

Use o *Time Sheet* para controlar as entregas diárias de um profissional, apontando a data da medição, tipo de atividade ou tarefa, para qual projeto ou cliente, horário de início e fim. Essa medição é muito útil para organizar o trabalho diário e identificar áreas de oportunidade de aumento da eficiência, pois se você tem dois colaboradores fazendo a mesma entrega de resultado, sendo que um gasta a metade do tempo do outro, precisa registrar os procedimentos do mais eficiente e ensinar aos demais. Assim, consegue-se definir o procedimento padrão para cada atividade, em especial as rotineiras: menos recursos utilizados e melhor resultado alcançado. Caso queira utilizar plataformas na Internet, novamente recomendo www.trello.com ou www.clockingit.com.

EMPRESA:				
TIME SHEET				
Nome:			Data: / / 20xx	
Atividade / Tarefa	Cliente / Projeto	Unidade / Gerência	Tempo	
			Início	Fim

Figura 14: Adaptação do autor e McKinsey & Company.

8.7. CRONOGRAMA DE ATIVIDADES

Para controlar as atividades, ações e projetos de uma área ou empresa como um todo, utilize o Cronograma de Atividades onde poderá ver num mesmo lugar a explicação das atividades, responsáveis, datas de início e fim, local, valor investido e status (em implementação, adiantado ou atrasado). Preencha os quadrinhos do prazo ideal na linha do "P", nas semanas de cada mês, e acompanhe a realização preenchendo os quadrinhos na linha do "R". Ficará claro onde precisa empenhar-se para forçar a implementação, considerando o conjunto. Se quiser utilizar plataformas na Internet, novamente indico www.trello.com ou www.clockingit.com.

Item	Atividade	Responsável	Início	Término	Duração	Local	Valor R$	Status	P R	Janeiro 1 2 3 4	Fevereiro 1 2 3 4
									P		
									R		
									P		
									R		
									P		
									R		
									P		
									R		
									P		
									R		
									P		
									R		

Figura 15: Adaptação do autor, McKinsey & Company e Harvard Business Review.

8.8. PAINEL DE RESULTADOS OU PAINEL DE BORDO

O Painel de Resultados ou Painel de Bordo, assim como nos aviões, simula uma cabine de controle com os principais indicadores de desempenho, metas e responsáveis. Pode ser usado para a empresa como um todo ou para determinada área, em conjunto ou individualmente para cada indicador. Sinalize com faróis a performance, observando a polaridade: se quanto maior, melhor o resultado (ex: Receita Operacional Líquida) ou se quanto maior, pior o resultado (ex: Quadro de Pessoas). Veja os modelos a seguir.

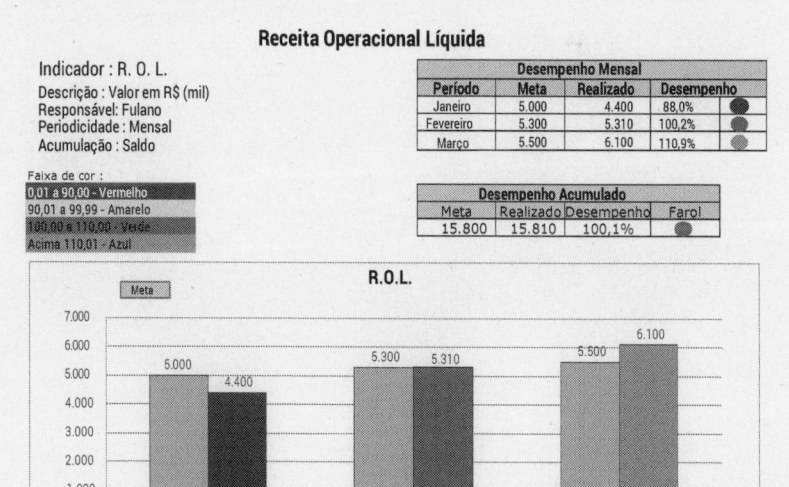

Figura 16: Adaptação do autor, Fundação Dom Cabral e Harvard Business Review.

Quadro de Pessoas

Indicador : **Quadro de Pessoas**
Descrição : Quantidade de Funcionários
Responsável: Fulano
Periodicidade : Mensal
Acumulação : Saldo

Desempenho Mensal			
Período	Meta	Realizado	Desempenho
Janeiro	192	191	99,5%
Fevereiro	208	199	95,7%
Março	210	198	94,3%

Faixa de cor :
0,01 a 90,00 - Azul
90,01 a 100,00 - Verde
100,01 a 110,00 - Amarelo
Acima 110,01 - Vermelho

Desempenho Acumulado			
Meta	Realizado	Desempenho	Farol
210	198	94,3%	

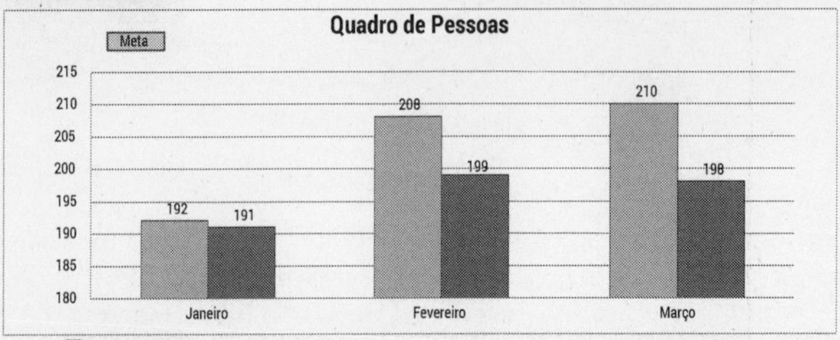

Quadro de Pessoas

Maior - Pior

Figura 17: Adaptação do autor, Fundação Dom Cabral e Harvard Business Review.

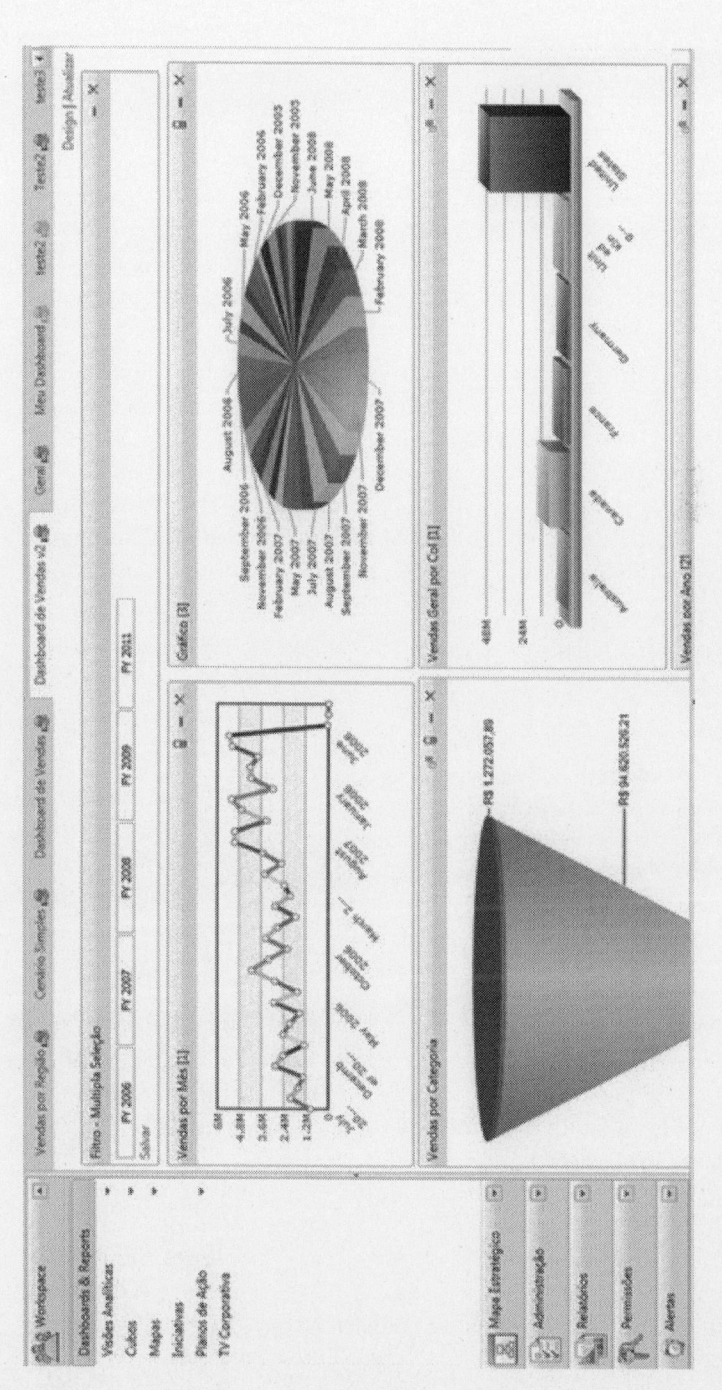

Figura 18: Adaptação do autor.

8.9. *FEEDBACKS* ESTRUTURADOS

Reuniões de *feedback* objetivam desenvolver, orientar, alinhar expectativas sobre entregas de resultados e evolução profissional. É uma honra receber *feedback*, pois significa que a organização reconhece e valoriza o desenvolvimento do indivíduo, investindo o tempo e experiência dos líderes e pares nessa iniciativa. Para quem dá o *feedback*, é igualmente honroso, pois é a confirmação da sua capacidade crítica e conhecimento do negócio, aperfeiçoando equipes e outros líderes.

Desconhecer as técnicas do bom *feedback* causa vários transtornos e frustra seu objetivo de orientação e desenvolvimento, provocando atitudes evasivas. Se for feito amadoramente, o profissional que recebe pode se sentir acusado e humilhado, e o que fala pode temer que o outro se ofenda com seus comentários, levando para o lado pessoal. Sob a influência de medos inconscientes, as duas partes entram num modo defensivo, gerando desgaste emocional e ineficácia da iniciativa.

Esses 8 passos garantirão que o *feedback* trará os melhores resultados, em qualquer contexto hierárquico, evitando a ocorrência do temido *"fode"back*...

Passo 1: iniciar pelas coisas boas

O início da reunião deve ser leve e explicar que se trata de uma oportunidade de crescimento para ambas as partes, que a empresa valoriza o indivíduo e exatamente por isso investe tempo para desenvolvê-lo e orientá-lo. Destacar com sinceridade os pontos positivos da pessoa e seus esforços de melhoria, ilustrando com exemplos reais de atitudes e resultados. Esse início respeitoso e profissional reduz a postura defensiva e tensão natural.

Passo 2: evitar a "generalidade"

Especifique sempre todas as impressões, exemplificando com fatos, atitudes, dados e evidências, de modo que a pessoa construa uma imagem concreta do que está sendo dito. Evite dizer generalidades como "você está relapso com os clientes" ou "você parece desmotivado", ao invés disso explique que "não cumprir a data ou horário combinado com os clientes, como você fez duas vezes esse mês, causa a sensação de desrespeito, gera reclamações e até mesmo a perda dos clientes" ou "chegar atrasado mais de 15 minutos, como você chegou em duas reuniões gerenciais de desempenho no último trimestre, causa impressão de desmotivação e falta de compromisso com a empresa".

Passo 3: escolher um ambiente profissional e reservado

Feedbacks são tão importantes que não podem ser dados em qualquer lugar, como corredores e lanchonetes, e também não são espetáculos públicos, precisam ser feitos de forma individual e muito reservada. Escolha um ambiente agradável, onde ambas as partes se sintam bem, para então realizar o processo.

Passo 4: propor regras de conduta

Importante propor pequenas regras de conduta para a conversa ser profissional e eficiente. Combine uma atitude aberta, sem escudos nem postura defensiva, pactuando um tempo determinado (20 a 30 minutos) onde enquanto um fala, o outro apenas escuta, podendo anotar as observações que serão ditas no momento oportuno, com tempo específico.

Passo 5: evitar tom de voz acusatório

O tom de voz pode ajudar ou prejudicar a conversa, pois quem se expressa como "senhor da verdade" sempre constrange quem recebe sua pretensa verdade. Use um tom de voz baixo, profissional e evite frases como "você é isso" ou "você agiu da forma tal", procurando abordar impressões com exemplos como "sinto você assim porque a atitude que teve foi essa, aquela e aquela outra" ou "tive a impressão que você agiu daquela forma porque conduziu-se da maneira tal e qual".

Passo 6: também escutar

Após comunicar a avaliação e impressões, é preciso calar e ouvir as considerações do outro. Retomar o passo 4, respeitando o combinado: tempo determinado, atitude receptiva e aberta, anotação das observações e permanecer em silêncio até o fim.

Passo 7: solicitar um plano de melhoria

Ouvidas todas as impressões e percepções, para concluir solicite a quem recebeu o *feedback* um plano de ações de melhoria, atuando em todos os itens sinalizados: o que fazer, como fazer, em que tempo, apoios necessários, como medir e metas de resultados. Marcar uma data para o plano de melhoria ser apresentado e aprovado, considerando o prazo de uma a duas semanas. Agradecer o profissionalismo demonstrado e reiterar a oportunidade de crescimento para ambas as partes, que a empresa valoriza o profissional e por isso investe tempo para desenvolvê-lo.

Passo 8: reforçar o apoio e continuidade

Importante reiterar apoio ao processo e marcar o próximo *feedback* quando, além de todos os passos descritos, o plano de melhoria e seus resultados serão devidamente avaliados, fortalecendo a evolução permanente.

Implemente esses 8 passos disciplinadamente, ensinando e cobrando empenho tanto de quem dá quanto de quem recebe. A prática regular do *feedback* estruturado, trimestral ou semestralmente, é o concreto que pavimenta o caminho para uma forte cultura e lideranças comprometidas, levando ao alto desempenho e longevidade da sua organização.

9. GESTÃO DA MUDANÇA PARA O ALTO DESEMPENHO

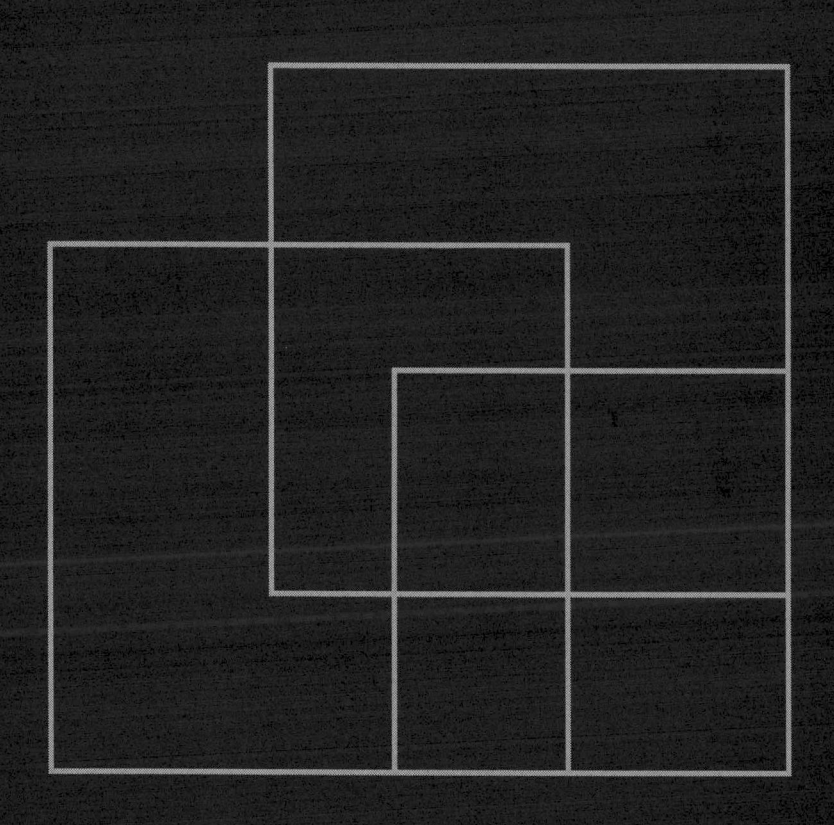

O mundo dos negócios possui vários mitos que são repetidos como mantras para simplificar o entendimento, mas que podem levar os gestores e empresários a erros e perdas muitas vezes irreversíveis, que não se sustentam diante de avaliações mais profundas e a realidade dos fatos. São crenças que as pessoas ficam repetindo sem questionar, algumas tão vazias de racionalidade quanto de sentido! Ao longo de mais de vinte anos, venho confrontando esses mitos, em busca de uma análise lúcida e evidências que direcionem melhor as decisões para o alto desempenho. A seguir estão os três principais mitos confrontados e a realidade vinda da experiência e estudos aprofundados:

Mito 1: A mudança, na direção da profissionalização e alto desempenho, será bem-sucedida quando seu impacto sobre as pessoas estiver minimizado.

Realidade: é muito mais importante ajudar as pessoas a terem bom desempenho na mudança, apesar do desconforto que elas sofrem durante o processo.

Mito 2: É difícil e irracional prever tantas coisas sobre as mudanças.

Realidade: os riscos de uma mudança são previsíveis, mensuráveis e administráveis.

Mito 3: Você só precisa de uma boa liderança e gerenciamento no dia a dia, para fazer as mudanças funcionarem.

Realidade: a perturbação que a mudança provoca altera as regras do jogo e os padrões para o sucesso são, geralmente, "contra intuitivos" e contra o bom senso.

Para apoiar a boa implementação e resultados da estratégia, os líderes precisam seguir quatro passos essenciais para ajudar suas equipes a se saírem bem no processo de mudança, apesar do desconforto causado pela situação de transformação rumo à boa execução:

1. Identificar os funcionários mais afetados pela mudança.

2. Passar a eles, de forma antecipada, informações sobre a razão das mudanças, com um desenho bastante claro do ponto de partida e ponto de chegada.

3. Dar às lideranças envolvidas no processo a atenção e o apoio necessários para gerenciarem o choque da mudança.

4. Começar a ação tratando o comportamento dos próprios líderes como um dos alvos da mudança.

Quando os três elementos – visão, ponto de chegada e potencial completo – são trabalhados com forte participação de todos os gestores e colaboradores da organização, as chances de sucesso crescem substancialmente!

Importante você saber que em situações extremamente estressantes, as pessoas só conseguem ouvir, entender e reter 20% das informações que recebem. Nessas condições, o tempo da atenção fica reduzido e a atenção integral pode durar perto de doze minutos, ao invés de uma hora em condições normais. Isso significa que suas mensagens sobre as mudanças importantes devem ser mais curtas, claras e simples.

Ensine seus líderes a ajustarem os métodos de comunicação de três formas, para que funcionários "agitados" compreendam a informação. Em primeiro lugar, repassar uma mensagem concisa, clara, breve e com enfoque positivo. Em segundo lugar, mostrarem-se como mensageiros confiáveis, com credibilidade e empatia, antes mesmo de divulgar suas mensagens mais importantes porque os funcionários, em geral, avaliam nos primeiros 30 segundos se os líderes são leais e confiáveis, baseados em sua percepção de carisma e empatia, em vez da expertise ou competência... Em terceiro lugar, repassar as informações numa conversa particular, entre gestor e cada membro da equipe.

A ciência comportamental descobriu que os resultados de um *feedback* em tempo real e de um reforço positivo (elogio e incentivo) são quatro vezes mais poderosos para estimular a adoção de novos comportamentos. O tipo de reforço positivo que é imediato, pertinente e consistente pode ser significativamente mais eficaz na mudança de comportamento dos funcionários numa fase inicial do que a mera promessa de possíveis recompensas de longo prazo. É fundamental esclarecer papéis, estabelecer prioridades e explicar os valores da empresa.

Para forçar o progresso da iniciativa para a realização e, depois, para a repetição da melhoria incorporada, esses cinco princípios apoiam de forma consistente e previsível:

• Ponderar a ambição: criar uma visão clara e convincente para onde a organização está evoluindo, sendo sempre realista. Alinhar e comprometer os gestores seniores da mudança com a visão e estratégia definida. Fazê-los entender o quanto a mudança será perturbadora para os funcionários, medir os riscos antecipadamente e equilibrar a ambição com a real capacidade de absorver as transformações e alcançar os objetivos.

- Mobilizar os líderes: definir claramente os papéis da mudança, construir uma cadeia de apoio sustentável, com engajamento sólido, para mobilizar a linha de frente da organização.

- Mudar comportamentos: identificar os poucos comportamentos críticos necessários para se alcançar os resultados desejados, substituí-los e reforçar outros, por meio da alteração das consequências. Medir atentamente o andamento das ações!

- Desenhar a execução: estabelecer um processo que permita planejar, acompanhar e avaliar os progressos realizados, minimizando os riscos de implementação em curso. Utilizar as ferramentas da gestão estratégica.

- Prolongar o sucesso: investir na incorporação das novas capacidades que constroem um modelo replicável para as futuras mudanças e, com isso, conceber uma nova fonte de vantagem competitiva sustentável para a empresa. Construir uma cadeia de apoio e ganhar "musculatura empresarial" para fortalecer as atividades e interações ao longo de cada ciclo de transformação.

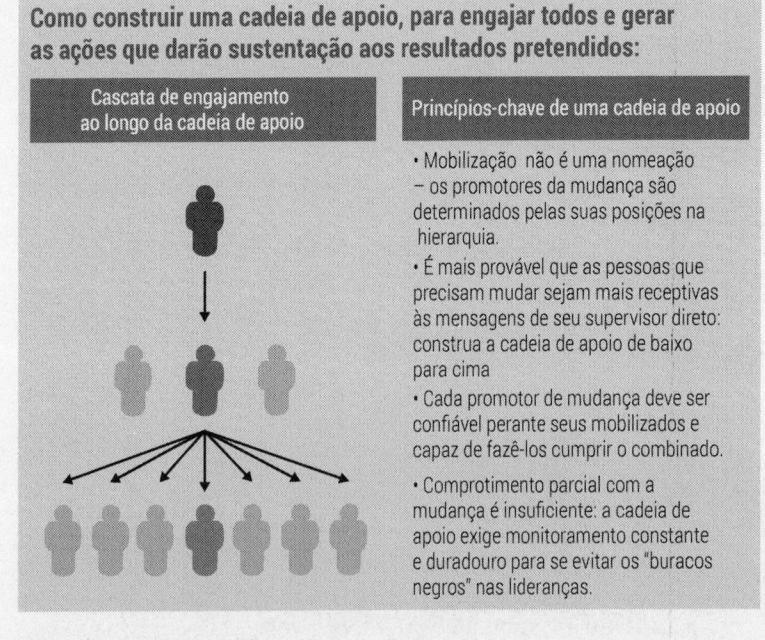

Como construir uma cadeia de apoio, para engajar todos e gerar as ações que darão sustentação aos resultados pretendidos:

Cascata de engajamento ao longo da cadeia de apoio	Princípios-chave de uma cadeia de apoio
	• Mobilização não é uma nomeação – os promotores da mudança são determinados pelas suas posições na hierarquia.
	• É mais provável que as pessoas que precisam mudar sejam mais receptivas às mensagens de seu supervisor direto: construa a cadeia de apoio de baixo para cima
	• Cada promotor de mudança deve ser confiável perante seus mobilizados e capaz de fazê-los cumprir o combinado.
	• Comprometimento parcial com a mudança é insuficiente: a cadeia de apoio exige monitoramento constante e duradouro para se evitar os "buracos negros" nas lideranças.

Figura 19: Adaptação do autor e Bain & Company.

Em qualquer mudança que vise o alto desempenho, é fundamental o entendimento da realidade em cada uma das esferas que compõem a organização, por meio de um Diagnóstico Estratégico Competitivo (DEC) que contemple questões internas e externas, a situação presente e futura. Propomos esse diagnóstico em pelo menos oito dimensões, cada uma composta por vários direcionadores das análises e resultados pretendidos.

Conduza um *brainstorming* em equipe, realize estudos internos e converse com especialistas. Responda de forma criteriosa e exigente, classificando o estágio atual da sua organização em cada dimensão e item apresentado. Pode-se atribuir notas de 1 a 5, facilitando o entendimento: 1 (péssima); 2 (ruim); 3 (razoável); 4 (boa); 5 (excelente) e N/A (não se aplica).

A primeira dimensão recomendada é "Criar e Manter uma Proposição de Valor Importante". Esta dimensão é relevante porque enfoca a capacidade organizacional em definir, alinhar e comunicar claramente os benefícios e diferenciais que guiarão sua oferta de valor ao mercado e sua habilidade em entregá-la.

- Nossos produtos e/ou serviços estão criando um mundo melhor para os clientes, por resolverem uma necessidade ou desejo não satisfeito?

- Nossos produtos e serviços estão redefinindo o mercado, fornecendo um produto ou serviço de alto valor agregado?

- Nossos produtos e serviços estão modernizando o mercado e otimizando as vantagens da cadeia de suprimentos para oferecer preços mais baixos, com uma qualidade suficientemente boa?

- Os benefícios de ordem superior (emocionais ou financeiros) são os principais motivos para os clientes comprarem de nossa empresa?

- A proposta de valor fornece benefícios de ordem superior únicos em cada produto/serviço, localização e experiência?

- Anunciamos claramente, a nós mesmos, à nossa diretoria e aos nossos clientes o nosso mercado-alvo, perfil do cliente e valor fornecido nos produtos e serviços?

- A criação e fornecimento de novos produtos ou serviços domina a oferta da linha de produtos (ou serviços) da empresa?

A segunda dimensão é "Explorar um Mercado em Alto Crescimento". Considera a capacidade da organização de identificar e agir proativamente em mercados de alto crescimento, com alto potencial para atrair clientes, gerar altas receitas, aumentar a lucratividade e reforçar a boa percepção sobre a marca.

- Podemos identificar claramente as características (demográficas, perfil geral e necessidades) do segmento de mercado atendido ou buscado?

- O segmento de mercado a que se destinam os nossos produtos e serviços está crescendo segundo as taxas anuais combinadas?

- Existe uma oportunidade viável de a empresa fazer crescer seu faturamento acima da média dos concorrentes no mercado de atuação?

- A taxa de crescimento atual da receita da nossa empresa é mais elevada do que a dos nossos concorrentes?

- Existe oportunidade de mercado para aumentar o nosso negócio geral, pelo menos cinco vezes acima da dimensão atual, nos próximos dez anos?

- Nosso setor tem um histórico de clientes compradores de pequenas empresas mais modernas tecnologicamente e em grande crescimento?

- Existe um pequeno número de concorrentes com os quais concorremos realmente, por nosso produto ou serviço ser tão diferente?

A terceira dimensão é "Clientes Rentáveis como Principal Fonte de Receita". Aborda o empenho em identificar, estreitar laços e reforçar a prosperidade gerada pelos clientes rentáveis: maior lucratividade, indicações às redes de contatos deles, visibilidade da marca, fidelidade e maior resistência a crises, atração de novos clientes, impactos da comunicação direcionada, fortalecimento da reputação organizacional e blindagem contra a concorrência.

- Nossos melhores clientes se associam à nossa empresa para definirem o valor da nossa oferta em termos relacionados aos benefícios e não apenas às capacidades técnicas?

- Nossos clientes mais importantes estão fornecendo *feedback* sobre os produtos/serviços através de eventos interativos, pesquisas e/ou conselhos consultivos?

- Nossos melhores clientes compartilham proativamente o valor criado pela compra e distribuição dos nossos produtos e serviços a outros clientes?

- Uma pequena porcentagem dos nossos clientes representa um nível de vendas/receita desproporcional (alto)?

- As vendas aos nossos melhores clientes estão aumentando as taxas de crescimento combinadas e excedem a taxa de crescimento média da receita da nossa empresa?

- A empresa utiliza depoimentos de clientes na maioria das ações de comunicação mercadológica (campanhas, feiras, internet, etc.)?

- Nossos clientes mais importantes vendem proativamente em nosso nome, quando nos recomendam ou apresentam aos seus contatos?

A quarta dimensão é "Potencializar Alianças e Parcerias com Grandes Empresas". Destaca a relevância estratégica das parcerias e alianças com grandes empresas e demais instituições, como endossadores da superior capacidade de entrega de valor da organização, por meio de seus produtos e serviços. Num contexto competitivo, em que as redes cumprem papel decisivo para o aumento da visibilidade e referências qualificadas, com impactos nas receitas, é fundamental ter apoiadores de peso que potencializem os resultados. Conseguir esse apoio exigirá grandes esforços, pois as instituições com forte reputação endossam igualmente aquelas com forte reputação.

- Temos uma estratégia explícita para potencializar parcerias e alianças complementares com empresas maiores e formadoras de opinião?

- Temos uma parceria rentável com uma empresa maior e estamos cultivando ativamente essa parceria?

- Obtemos benefícios empresariais significativos das parcerias (custos mais baixos, suprimento, receitas etc.)?

- Os gestores da empresa e dos nossos parceiros estão envolvidos na relação de parceria, e comunicamos regularmente sobre incentivos, ações, objetivos, programas alinhados a serem executados e planos futuros?

- A grande empresa, nossa parceira de negócios, não tem parcerias semelhantes com nossos concorrentes?

- As alianças e parcerias são responsáveis por um impacto mensurável no nosso negócio (aumento da receita e rentabilidade)?

- Existe um conjunto de interesses vantajosos para todos, claramente definido e acordado com as grandes empresas parceiras, e esses interesses são verificados com regularidade e, se necessário, atualizados?

A quinta dimensão é "Conseguir Retornos Exponenciais". Trata da competência em gerar fluxos de caixa positivos e crescentes, irrigando positivamente os negócios no curto e longo prazo. Além do crescimento em volume do faturamento, é preciso enfatizar também a melhoria das margens líquidas e redução do custo médio do capital.

- A administração é transparente, para os acionistas e empregados, sobre o quadro financeiro, e esta informação é de fácil acesso?

- A empresa excede, constantemente, as metas trimestrais estabelecidas pela administração e as expectativas dos analistas e, quando essas metas não são atingidas, a administração toma rapidamente uma medida corretiva – equipe integrada?

- O retorno sobre o investimento excede os custos de capital?

- Os maiores gestores equilibram decisões de investimento em pesquisa, desenvolvimento e despesas de vendas, gerais e administrativas, com o desempenho dos resultados, e esse equilíbrio resulta de uma discussão transparente e de metas de longo prazo?

- Estamos gerando fluxo de caixa líquido positivo?

- O crescimento do fluxo de caixa líquido aumenta a uma taxa igual ou superior à do crescimento da receita?

- Se a empresa apresentar resultados excedentes durante o ano, eles serão reinvestidos para acelerar o crescimento da receita ou o desenvolvimento de novos produtos?

A sexta dimensão é "Excelência em Liderança Interna e Externa", fundamental para o alinhamento sobre o negócio, atividades centrais, propósito presente e visão de futuro para os líderes e funcionários. Demonstra os esforços para a construção de uma cultura direcionada pela excelência de mercado e benefícios buscados pelos clientes, incentivando o trabalho em equipes multifuncionais e a comunicação clara e objetiva dos resultados prioritários.

- Há um gestor claramente direcionado para o exterior e outro para o interior (com flexibilidade e interação)?

- Nossa liderança demonstra ações baseadas em um conjunto consistente de valores empresariais, especialmente durante tempos de crise?

- Nossa cultura tem por base a exploração de oportunidades e inovação para o mercado e é ativamente transmitida aos nossos empregados?

- A liderança tem um papel proativo na resolução de problemas, assim como na tomada de decisões?

- Nossa liderança tem uma linguagem de inovação comum e evita armadilhas (miopia estratégica) que limitam o crescimento?

- A equipe de gestores é rápida na autocorreção, tenta fazê-la de forma eficaz e com uma equipe de trabalho?

- Definimos nossos negócios de acordo com os benefícios esperados pelos nossos clientes e valores para nossos *stakeholders* (públicos de interesse)?

- Está clara a nossa missão, visão, negócio e valores corporativos e eles direcionam a comunicação interna e externa?

- Realizamos iniciativas e ações que envolvem equipes multifuncionais?

A sétima dimensão é "Diretoria Especialista em Valores Essenciais". Sinaliza a capacidade e vontade da organização de receber impressões de *stakeholders* e especialistas externos, abrindo espaço para considerações de longo prazo e análises mais imparciais sobre o negócio. Também demonstra a maturidade e o propósito de atuar direcionada pelo mercado, reforçando seu posicionamento e melhorando continuamente sua oferta de valor.

- O conselho administrativo da empresa não é dominado por investidores e membros da equipe de gestores, mas em vez disso inclui CEOs de outras grandes empresas e clientes?

- Existe um CEO no conselho administrativo que desenvolveu um negócio com crescimento exponencial e atingiu receita muito significativa?

- Existe um membro do conselho administrativo que compreende e representa as necessidades dos clientes?

- Uma grande empresa parceira é membro ativo do comitê ou conselho administrativo?

- Um membro da comunidade, muito respeitado, participa do comitê ou do conselho administrativo?

- A diretoria dá igual ênfase ao crescimento de "longo prazo" da empresa e retornos no "curto prazo" para os investidores?

- A equipe de gestores está bem preparada para as reuniões do conselho administrativo e faz "o melhor possível" quando trabalha com os representantes do conselho?

A oitava e última dimensão do Diagnóstico Estratégico Competitivo (DEC) é "Investimentos em Infraestrutura". Indica a capacidade de coletar, organizar e disponibilizar as informações que apoiarão o entendimento das situações e a tomada de decisões sobre as mais distintas áreas e assuntos organizacionais. Atualmente, a diferença entre o sucesso e o fracasso está, em grande medida, na velocidade com que seus gestores analisam e conseguem agir proativamente para aproveitar as oportunidades ou defender a organização de uma potencial ameaça. Essa dimensão é crucial para o monitoramento proativo do desempenho interno/externo que orienta ações rápidas e de alto impacto.

- Nossa infraestrutura geral e tecnológica permite analisar a estrutura de mercado para podermos direcionar os bens e serviços ao público apropriado?

- A TI nos permite tomar decisões mais rapidamente e tirar proveito das novas oportunidades de mercado?

- Podemos otimizar os nossos sistemas para colaborar com as equipes e gerenciar o nosso portfólio de produtos, enquanto lançamos novos produtos e serviços no mercado?

- Nossos sistemas nos permitem fornecer bens e serviços de forma eficiente?

- Nossos sistemas atuais nos ajudam a envolver e fazer negócios com os nossos parceiros e clientes mais importantes?

- Temos acesso e fornecimento de informações necessárias para estarmos em conformidade com os regulamentos financeiros, ambientais e comerciais?

- Temos a visibilidade, os dados e as ferramentas analíticas para tomar decisões eficazes nas operações e gerir toda a empresa?

- Nossos parceiros de hardwares e softwares fornecem experiências ao nosso setor e inovações tecnológicas que nos ajudam constantemente em nossos objetivos de crescimento estratégico?

O diagnóstico sincero e realista dessas 8 dimensões e 59 tópicos, como entendimento profundo da situação interna e externa na gestão da mudança que conduzirá sua organização para o alto desempenho, sinaliza quais pontos prioritários devem ser perseguidos para que os resultados atinjam níveis nunca antes vistos, de forma coerente e consistente. Inteligência, foco, disciplina, humildade e persistência na execução continuam sendo os pilares do sucesso organizacional, persiga-os para dobrar seus resultados! Acesse www.carloscaixeta.com.br/faq.html e faça o DEC online.

10. ALTÍSSIMO DESEMPENHO: CASO DAS FORÇAS DE OPERAÇÕES ESPECIAIS DOS ESTADOS UNIDOS (SEALs)

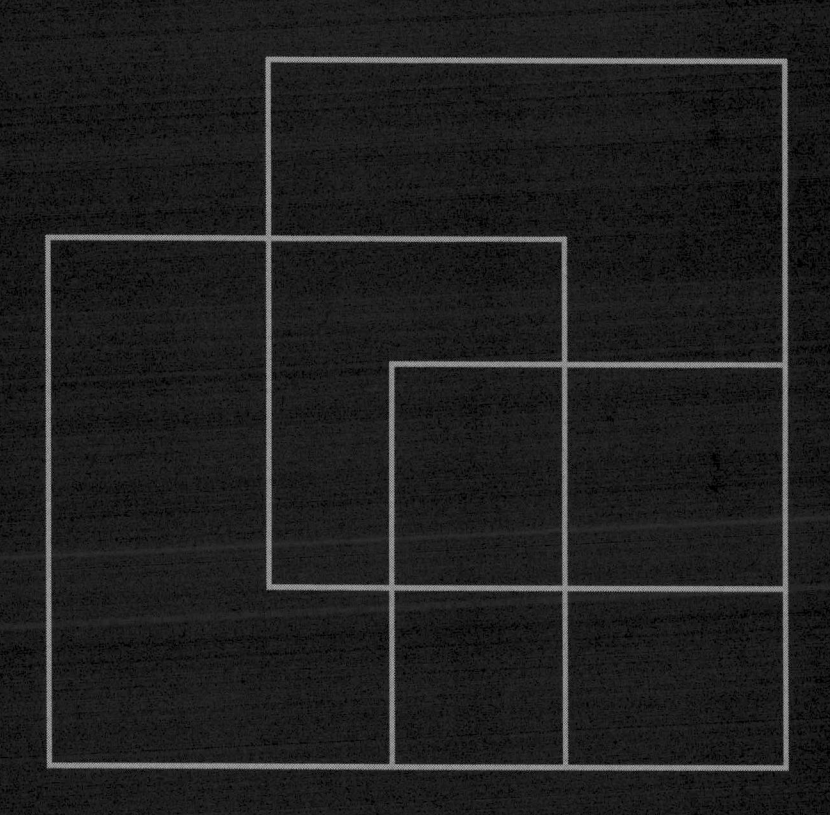

Os SEALs da Marinha Americana são estudados e admirados no mundo inteiro, não apenas pela capacidade técnica e sucesso em praticamente todas as missões que participam, mas também pelo preparo, disciplina, resiliência e altíssimo desempenho dos seus integrantes. O nome SEAL vem da capacidade de operarem de forma especializada tanto no mar (*Sea*), quanto no ar (*Air*) e na terra (*Land*).

A seleção para se tornar um SEAL é sobre-humana, exaustiva e impiedosa, porque em combate ninguém pode deixar o companheiro para trás, pensar em desistir, descumprir o treinamento, desviar do foco ou agir pensando exclusivamente em si. Para selecionar apenas os mais fortes, cada participante é testado além das suas forças físicas, mentais e psicológicas. O treinamento inclui nadar com tubarões, pular de helicópteros em alto-mar, entrar em ambientes com inimigos fortemente armados, passar por restrição alimentar e de sono. Conheça os oito princípios dos SEALs e aplique-os em sua organização:

Princípio 1: Como comer um elefante

Usam esta pergunta para ensinar o primeiro princípio: como você comeria um elefante? A resposta correta é: com uma mordida de cada vez! Ao encontrar uma tarefa difícil e grande, como estruturar uma área, expandir mercados, reduzir drasticamente os custos, formar lideranças, profissionalizar a empresa ou alguma área específica, normalmente os profissionais ficam com medo e muitos desistem logo no início. A solução dos SEALs é a segmentação, ou seja, dividir o "elefante" em partes pequenas que caibam na boca.

Divida sempre o "problemão" ou "tarefona" em um conjunto de "probleminhas" ou "tarefinhas", evitando atacar a generalidade do todo. Foque as partes, detalhe a implementação, execute etapa por etapa e avance progressivamente até concluir tudo. Foco e disciplina na execução são os fatores-chave de sucesso, pois uma grande evolução pode se dar passo a passo, não necessariamente requer grandes saltos.

Princípio 2: Visualização do sucesso

Estudos comprovam que jogadores de basquete melhoram os seus lançamentos em 23% ao visualizarem previamente o lançamento bem-sucedido. O treinador de Michael Phelps ensinou a ele assistir mentalmente "o vídeo" onde se imaginava nadando de forma perfeita, do começo ao fim, criando todos os detalhes. Outros atletas de ponta do judô, ginástica olímpica, arremesso de peso, atletismo, tênis e golfe utilizam a mesma técnica e garantem que funciona. Uma boa visualização considera:

- Detalhes vívidos: utilize todos os sentidos, imaginando cada detalhe da forma mais real possível.

- Repetição: repita todos os dias ou até mais de uma vez por dia, de modo a se tornar um hábito.

- Desempenho positivo: imagine-se tendo sucesso repetidamente, sem falhas. Diante de obstáculos ou imprevistos, mentalize que conseguiu superá-los de alguma forma. Michael Phelps imaginava situações em que seus óculos se enchia de água, mesmo assim nadava sem enxergar mas acabava conseguindo. Ele gostava de imaginar situações difíceis, onde as coisas dão errado, mas mesmo assim tem sucesso.

- Consequências e reações: se mesmo assim pensar no pior, imagine as consequências ruins como a expressão de seus amigos e familiares recebendo a notícia de que deu errado e a vergonha que sentiria.

Diante de desafios complexos e importantes, visualize mentalmente sempre o desenrolar das ações que irão conduzi-los ao sucesso.

Princípio 3: Controle emocional

Em tempos de grande estresse, o corpo recebe altas doses de adrenalina, cortisol e noradrenalina para aumentarem a energia e o foco. No entanto, posteriormente acabam impedindo o relaxamento, causando dificuldades para dormir, mau humor e baixa a imunidade. Para enfrentar esse problema, os SEALs utilizam uma técnica chamada de "4 por 4 por 4":

Inspirar por 4 segundos.

Expirar por 4 segundos.

Repetir por 4 minutos.

Essa prática transforma a química cerebral, favorecendo o relaxamento, retomada do equilíbrio e disposição geral.

Princípio 4: Reenquadramento e não passividade.

Não podemos controlar o que acontece no mundo, mas podemos moldar a interpretação sobre tudo que nos afeta, porque a realidade é uma questão de "interpretação de contexto" ou "enquadramento". Um aparente evento negativo pode ser reinterpretado ou reenquadrado como um evento positivo, bastando mudar o ponto de vista para considerar as superações e aprendizados permitidos. Esta técnica fortalece a resiliência, inteligência e força mental porque mostra que é possível tirar lições valiosas principalmente das piores situações.

Princípio 5: Valorização das pequenas vitórias

Registrar as pequenas vitórias do dia a dia, como a boa saúde, apoio dos amigos, acesso a recursos valiosos, família, trabalho ou religiosidade, alimenta o ímpeto para novas conquistas, tanto das grandes quanto das pequenas. Os problemas têm a proporção que lhes damos, assim como as coisas boas assumem o peso que lhes atribuímos.

Princípio 6: Rede de apoiadores e senso de utilidade

Os humanos são criaturas sociais, que precisam de aprovações e referências para sentirem-se protegidos e acolhidos, formando sentido em situações aparentemente inexplicáveis. Os amigos próximos e os princípios de vida são os pilares da fortaleza mental, direcionando pessoas afins que compartilham valores e visão de mundo semelhantes. Quem vai sozinho pode ir mais rápido, mas quem vai numa rede de apoiadores consegue ir mais longe e por mais tempo.

Princípio 7: Estar sempre preparado

Um SEAL normalmente passa 75% do tempo treinando, preparando-se fortemente para as ações, e apenas 25% do tempo em missões. Isso é fundamental porque na preparação descobrem novas habilidades, formas de pensar, agir e abordar, aperfeiçoando-se para atuar conjuntamente em terra, água e ar. Reduzindo a incerteza, reduzem o medo.

Antes que os SEALs saíssem para procurar Bin Laden, construíram duas réplicas em tamanho real do edifício que entrariam, para praticar o ataque, e treinaram exaustivamente por 3 semanas.

Princípio 8: Confiança e realidade

As pessoas em situações difíceis precisam ser muito realistas sobre o perigo que estão correndo, mas igualmente precisam estar confiantes sobre as alternativas de soluções e capacidade de lidar com a incerteza.

A confiança vem do esforço e treinamento, unidos ao propósito pessoal e significado em equipe, para serem capazes de sair e cumprir a missão, atingindo os resultados e trazendo todos de volta, em segurança. Excesso de confiança, somado ao baixo preparo, pode resultar em erros ingênuos e gravíssimos. Como numa corrente, a força de uma equipe é proporcional ao mais fraco membro que a compõe, exatamente por isso todos precisam estar preparadíssimos e lúcidos diante da realidade dos fatos e das situações que irão enfrentar.

11. LIDERANÇA E DECISÃO: PROATIVIDADE, RESPONSABILIDADE E EXEMPLO

Liderança é saber conduzir, inspirar e principalmente liderar pelo exemplo, com habilidade para desenvolver e motivar pessoas a superarem os objetivos definidos. A principal missão do líder é levar a equipe a bater suas metas, de forma consistente, respeitando os valores e objetivos estratégicos da organização, por meio de um processo contínuo de escolhas que favoreçam o desempenho na direção correta. Um bom líder necessariamente é um bom gestor, entende do dia a dia, caso contrário não teria legitimidade para decidir nem repreender as atitudes inadequadas aos resultados. Popularidade não é liderança, resultados sim!

Muitos anos de experiência prática e estudos detalhados sobre liderança de alto desempenho em empresas como Intel, Microsoft, Southwest Airlines, Apple, Gillette, Johnson & Johnson, Kimberly-Clark, Grupo Pão de Açúcar, AB Inbev, Google, Walt Disney, General Electric, Starbucks, Coca-Cola, JP Morgan Chase, Facebook, Amazon, BMW e Netflix indicam que os melhores líderes não possuem necessariamente uma habilidade visionária para prever o futuro. Eles observam o que funciona, descobrem por que funciona e decidem apoiados em bases de informações comprovadas. Geralmente não são mais dispostos a arriscar, nem mais corajosos, mais visionários ou criativos e sim mais disciplinados, mais focados em dados reais para decidir, mais vigilantes com relação aos resultados e às dinâmicas dos mercados onde atuam. Mantêm o foco nas prioridades do negócio e sabem quando acelerar ou frear, sem ficar correndo de um lado para o outro confundindo movimento com progresso, excelente fórmula de autodestruição.

Líderes de alto desempenho entendem que enfrentam contínuas incertezas e não podem controlar nem prever aspectos importantes do mundo ao redor. Rejeitam a ideia de que forças fora do seu controle ou circunstâncias do "acaso" podem determinar seus resultados, pelo contrário, assumem inteira responsabilidade pela própria sorte e decisões. Tem determinação interior para fazer o que for necessário para gerar um grande resultado, a despeito de todas as dificuldades, cultivando a autodisciplina e a independência mental para rejeitar pressões que possam levá-los a adotar comportamentos incompatíveis com a consistência em relação a seus valores, metas de longo prazo, padrões de desempenho, método de gestão e coerência ao longo do tempo.

Baseiam as decisões no empirismo, na observação direta e fatos, nas evidências e experimentos práticos, em vez de confiar apenas no *feeling*, caprichos, sabedoria convencional ou ideias não testadas. Essa forte base empírica constrói uma autoconfiança igualmente forte, minimizando os riscos e potencializando os acertos. Combinam humildade pessoal e determinação profissional, geralmente desviando a atenção da própria personalidade, mantendo um comportamento discreto, excelente comunicação e ambição voltada para a causa, para a empresa e trabalho, nunca para si mesmos.

Mantêm uma combinação de hipervigilância, análises profundas e ações produtivas em tempos ruins e principalmente bons, jamais se acomodando, acreditando que as circunstâncias irão se voltar contra eles sem aviso, num momento imprevisível e impróprio, sendo melhor estarem sempre preparados! Mantêm uma posição financeira conservadora, guardando dinheiro para se protegerem contra dificuldades não previstas. No início da Microsoft, Bill Gates não ficou apenas escrevendo orientações ou dando ordens, sentia medo de fracassar e exatamente por isso implementou a hipervigilância e gestão profissional, mantendo baixo o custo das instalações, contratando profissionais melhores, fazendo uma boa reserva de caixa, investindo e trabalhando no próximo software que seria lançado, para estar sempre um passo à frente da concorrência. Depois trabalhou disciplinadamente no software seguinte, e no seguinte, e no seguinte...

A grandeza não é uma questão de circunstância e sim uma questão de escolha consciente e disciplina. Não se trata do que acontece aos profissionais da empresa e sim daquilo que criam, daquilo que fazem e da competência com que fazem. Inteligência com foco e resiliência, e não a sorte, são as marcas da grandeza.

11.1. INTELIGÊNCIA E CORAGEM PARA DECIDIR: COMO O IMPERADOR JÚLIO CÉSAR, "ATRAVESSE O RUBICÃO"

O Rio Rubicão, perto de Ravena na Itália, é um fluxo de água tão pequeno quanto era quando Júlio César parou em sua margem norte, no ano 49 a.C., trazendo seu exército da província que governava, a Gália, para a Itália romana propriamente dita. Para um comandante acostumado a levar exércitos para subir e descer montanhas, enfrentando nevascas do tamanho de um homem, rios com grande largura e correnteza, e perigosas tempestades do Canal Inglês, o pequeno Rio Rubicão dificilmente representava obstáculo físico. No entanto, César ficou cheio de pensamentos enquanto suas tropas se aproximavam do rio, começou a ir mais devagar, hesitou e então ordenou a parada. Ele ficou por um longo tempo pesando silenciosamente as questões em sua própria mente, indeciso entre duas alternativas...

O Rubicão era um rio pequeno, mas para Júlio César era também uma brilhante linha vermelha que dividia a Gália Cisalpina, parte da província da Gália que conquistara e recebera autorização do Senado romano para governar, de Roma propriamente dita, governada pelo Senado e dominada pelo defensor Cneu Pompeu Magno, conhecido como Pompeu, o Grande.

Em companhia de Pompeu e Marco Licínio Crasso, César havia compartilhado o poder no Primeiro Triunvirato de Roma, no período de 59 a 53 a.C., quando Marco Crasso foi morto em batalha, passando César e Pompeu a governarem conjuntamente. Em 52 a.C., no entanto, Pompeu foi eleito cônsul sem César e procurou ativamente minar o companheiro, razão pela qual a parceria rapidamente se deteriorou.

Por acordo com Pompeu, César deveria renunciar ao governo provincial e começar seu próprio mandato como cônsul. Pompeu, no entanto, invocou uma lei que obrigava César a dissolver seu exército durante o intervalo entre o fim de seu mandato como governador da Gália e o início do consulado, mas César compreendeu que assim procedendo estaria à mercê tanto de Pompeu quanto de qualquer outro inimigo. Apelou, então, ao Senado para aprovar uma legislação que abolisse o intervalo entre os dois cargos ou permitisse que ele mantivesse seu exército durante o período. O Senado respondeu negativamente, ao que César energicamente impôs uma condição: se ele fosse obrigado a desmantelar suas legiões, o Senado deveria ordenar que Pompeu também renunciasse ao seu exército. Ofendidos com o tom e o conteúdo da exigência, o Senado decretou que César fosse tratado como inimigo do povo de Roma se se recusasse a se submeter a qualquer ordem proferida pelo Senado.

Enquanto César contemplava o pequeno rio, ele sabia que Pompeu tinha a lei ao seu lado, pois a "Lex Cornelia Majestatis" proibia qualquer general romano de liderar um exército fora da província para a qual fosse designado. Em outras palavras, ao atravessar o Rubicão, César e seus seis mil legionários estariam declarando uma guerra civil contra Pompeu e o Senado. Igualmente entendia que as chances de vitória nesta guerra estavam pessoalmente contra ele e poderiam se mostrar trágicas para a República Romana.

Esses dois riscos graves eram fortes razões para recuar no Rubicão, mas havia dois motivos poderosos para avançar: em primeiro lugar, o ultimato do Senado lhe tiraria todo o poder militar; em segundo lugar, estava convencido de que Roma estava sendo extremamente mal governada. Apesar da profunda motivação por um desejo de glória, César sinceramente julgava que, ao evitar o risco e deixar de atravessar o Rubicão, estaria definitivamente trazendo o desastre para Roma. Atravessá-lo significaria trazer todo o poder do Senado contra ele e envolveria a República Romana em uma guerra civil, mas recuar significaria o fim de seu poder pessoal, muito provavelmente o fim de sua própria vida e a ruína de toda Roma e seu império.

O conquistador da Gália ficou na margem do rio debatendo suas perplexidades com os amigos, ponderando sobre os sofrimentos que a travessia do rio traria à humanidade, mas então imaginou a versão bem-sucedida da história e disse aos seus seguidores: "Ainda podemos voltar, mas ao cruzar esta pequena ponte teremos de lutar". Os historiadores descrevem que um César perplexo de repente viu à meia distância a figura impressionantemente nobre de um homem que tocava com sua flauta de pastor uma melodia tão encantadora que atraiu os soldados, bem como os corneteiros das legiões, para mais perto para ouvir. De repente, o homem colocou de lado a flauta, pegou uma corneta das mãos de um dos músicos militares e a utilizou para soprar o toque tradicional de avançar, cruzando o Rubicão ao mesmo tempo. O fato fez César declarar: "Vamos aceitar isso como um sinal dos deuses e seguir para onde eles convidam, em vingança contra o jogo duplo de nossos inimigos. *"Alea jacta est!"*. "A sorte está lançada!", gritou César enquanto corajosamente atravessava o Rubicão.

Do ponto de vista de mais de 2.000 anos de retrospectiva histórica, a decisão audaciosa parece ter sido a correta, além de ter salvado a vida e autoridade de César, aumentando muito o seu poder e elevando-o ao status de personalidade que mais gerou consequências para o mundo romano. Além disso, deu vida nova ao Estado que estava em acelerado declínio, mergulhado na corrupção de Pompeu e do Senado. Os críticos de César têm afirmado que ele começou a destruição da República Romana, pois logo seria substituída pela monarquia hereditária, mas a revitalização que permitiu pode ser vista como tendo dado à Roma, à cultura e à civilização greco-romanas mais quatro séculos de hegemonia no Ocidente e mais seis no Oriente. O efeito sobre a civilização global é certamente sentido ainda hoje!

Por qualquer medida, a decisão de atravessar o Rubicão foi de muita coragem, inteligência e grandes consequências. Resta-nos especular, no entanto, o quê guiou César e permitiu que chegasse à decisão, considerando que os relatos de seus dois primeiros biógrafos, Plutarco e Suetônio, concordam sobre um aspecto crucial: não foi impulsiva e sim calculada, com os prós e contras avaliados, bem como os riscos e as probabilidades de sucesso. Ambos indicam que ele refletiu cuidadosamente sobre as consequências da guerra civil e consultou os companheiros de armas sobre a decisão.

Está claro que Júlio César compreendia que atravessar o Rubicão teria consequências concretas, mas também é evidente que compreendia as igualmente concretas consequências de não atravessar. Recuar manteria a paz, mas seria uma paz ditada por Pompeu e pelo Senado, o equivalente a uma rendição pela qual cederia seu poder, glória e muito provavelmente a vida. Além disso, sua rendição afetaria o poder, a glória e até mesmo a vida da própria Roma.

Ganhando ou perdendo, a guerra sempre causa perdas e sacrifícios, pois este é um fato irreversível das batalhas. Na melhor das hipóteses, conquista-se uma "vitória sangrenta", na pior sofre-se uma "derrota sangrenta". No caso da rendição, o único resultado possível é a perda! Jogue os dados e você poderá perder ou ganhar, agarre-se aos dados e vencer não será uma opção. O dado não lançado, a decisão não tomada e mantida firmemente nas mãos proporciona a ilusão da segurança.

Se César não tivesse tido a coragem, frieza e inteligência para decidir e agir, a ilusão da segurança logo seria destruída, pois a inação teria se revelado irracional porque era autodestrutiva. A decisão razoável de uma guerra civil travada contra as probabilidades aparentes dificilmente seria a segura, mas os riscos precisavam ser enfrentados, calculados e administrados. Esse era o único caminho razoável, o único caminho na direção da salvação e ganhos possíveis... Inspire-se em Júlio Cesar!

11.2. COMPETÊNCIAS DO LÍDER EM AÇÃO: ALTO DESEMPENHO

A sua prosperidade empresarial está diretamente relacionada à força dos seus líderes, de modo que líderes fracos = decisões ruins = empresa comum = resultados insatisfatórios = mediocridade; líderes fortes = decisões acertadas = empresa superior = resultados satisfatórios = prosperidade. A seguir estão detalhadas as dez competências do líder em ação, ou de alto desempenho, para aprimorar você e seus líderes:

1) Obtém uma visão positiva da realidade

Sabe enxergar a parte cheia do cálice, fazendo as pessoas acreditarem em si próprias e seguirem adiante. Líder negativo para quê? O Líder não manda e sim delega.

A diferença entre o líder e o chefe é nítida: as pessoas seguem o líder porque acreditam e ficam felizes quando chega, pois as apoia; o chefe é obedecido porque a hierarquia, ou o sobrenome, promoveu-o e as pessoas ficam felizes quando vai embora, pois as perturba.

2) Tem objetivos claros e bem definidos

O líder sabe exatamente onde quer e precisa chegar. Diante do objetivo de resultado, traça um plano de ação completo para executar bem e alcançar a meta definida.

3) Tem um grande poder de comunicação

Comunica os objetivos e as metas com clareza, pois não adianta ter boas ideias e não saber passá-las à equipe. Na dúvida, pede ao interlocutor para repetir o que foi combinado e explicita pacientemente o "óbvio", pois para o outro pode não ser tão óbvio assim.

4) Cultiva a empatia

Coloca-se no lugar do outro e tem a capacidade de compreender o que as pessoas sentem, respeitar as características individuais de cada um. Respeitar a personalidade de cada membro da equipe.

5) Sabe a diferença entre delegar e abdicar

O líder delega e não abdica, passa para os funcionários uma tarefa, explica os resultados e deixa claro que podem contar com seu apoio, fazendo que se sintam responsáveis e seguros.

Abdicar é ser displicente, colocando as pessoas em situações constrangedoras e sem apoio, como passar uma tarefa e dizer: "se vira do seu jeito para fazer e se der errado a culpa é sua".Mais grave ainda é ver alguém fazendo algo errado e não orientar para corrigir o erro.

O líder em ação deve fazer com que o funcionário se sinta parte do todo, dono também da ideia e dos resultados!Sua pergunta predileta é: como posso apoiar para atingirmos juntos os nossos objetivos?

6) Domina os detalhes

Sabe a importância dos detalhes e dá atenção a eles, pois fazem toda a diferença e podem ser o limite entre o sucesso ou fracasso. Comemoram na hora certa, que é o resultado atingido! Elogiam seus funcionários na frente dos outros, mas repreendem e orientam atitudes reservadamente, em particular e com educação. Faz com que as pessoas o sigam pelo exemplo, coerência e admiração.

7) Persevera e monitora

O líder é perseverante e não desiste das coisas, monitorando periodicamente todas as iniciativas sob sua responsabilidade. Delega, mas não "delarga", acompanhando tudo e utilizando as ferramentas da gestão estratégica: análise FCA, relatório de interação, plano de ação e execução, cronograma de atividades, *time sheet*, painel de resultados e demais.

8) Assume plena responsabilidade

O líder assume pessoalmente a responsabilidade pelos resultados, por isso não procura culpados. Entende o fato, identifica as causas e implementas as ações para corrigir ou implementar. "Desculpismo" e amadorismo não fazem parte das suas atitudes.

9) Faz mais do que todos esperam

Sabe a importância de andar o "km extra", ir além do meramente pactuado, pois não é concorrido e muitas pessoas desistem de chegar até lá. Entende que vencem aqueles que andam o km extra e superam as expectativas.

10) Cultiva a lealdade e a justiça

O líder é leal, transparente e justo com seus liderados. Não "manda recado", é honesto e fala diretamente de forma educada e em tom de voz baixo. Destaca-se pelo profissionalismo, fundamentando suas análises e decisões sempre em fatos, dados, evidências e experiência de vida.

11.3. DEVERES DO LÍDER EM AÇÃO

Importante pontuar os 10 deveres gerais do líder em ação, para facilitar sua formação e desenvolvimento:

1. Orientar e formar os colaboradores para os valores e estratégias definidas.

2. Investir nos pontos fortes dos colaboradores.

3. Dar visibilidade aos membros da equipe.

4. Dar liberdade e reconhecer o desempenho dos colaboradores.

5. Fornecer a cada membro da equipe *feedbacks* regulares sobre seu desempenho funcional.

6. Esclarecer as expectativas de desempenho e as prioridades.

7. Oferecer treinamento adequado e apoiar sempre que necessário.

8. Solicitar e ouvir ideias, com foco no aumento dos resultados.

9. Ver os colaboradores como parceiros e elementos fundamentais para o sucesso da área e de toda a organização.

10. Liderar pelo exemplo, ir na frente, criar o senso de urgência.

11.4. TAREFAS E ENTREGAS BÁSICAS DO LÍDER EM AÇÃO

Após reforçar os direcionamentos anteriores, pactue com cada um dos líderes da sua organização as tarefas e entregas básicas de resultados detalhadas a seguir. Reúna-se com cada um, individualmente, explique a importância e solicite.

a) Defina, interagindo com a sua equipe, 3 a 5 objetivos prioritários de resultados da área, seus indicadores e metas.

b) Defina quem faz o quê e em que tempo. Para cada membro da equipe, defina claramente suas tarefas e atividades, com o tempo dedicado.

c) Faça disciplinadamente a "Reunião Gerencial" uma vez por semana, preferencialmente no mesmo dia e horário. O propósito é o alinhamento, aprendizado e apoio mútuo. Tempo: 1 a 2 horas.

- Dia da semana e horário: _____

- ETAPA 1 (manter o que funcionou bem: 30 minutos):

- O que fizemos na semana com resultados positivos?

- Como atingimos esses resultados?

- Quais foram os principais aprendizados? Padronizar.

- ETAPA 2 (corrigir o que não funcionou: 45 a 60 minutos):

- O que fizemos com resultados negativos?

- Quais as CAUSAS do mal desempenho?

- Que AÇÕES executaremos para atuar nas CAUSAS, para retomarmos o bom desempenho?

d)   Acompanhe obsessivamente os indicadores e metas para medir o desempenho da sua área: relacionado aos 3 a 5 objetivos.

e)   Prepare-se para, uma vez por mês, reunir-se com os líderes maiores da empresa para apresentar os resultados da sua área.

f)   Use sempre as ferramentas da gestão: Plano de Ação e Execução, Análise FCA, Relatório de Interação, Cronograma de Atividades, Painel de Resultados: indicadores e metas.

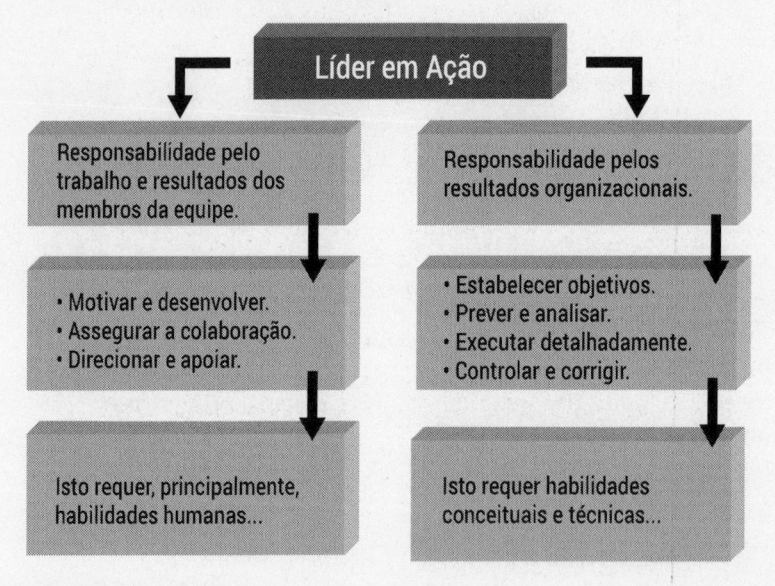

Figura 20: Adaptação do autor e Harvard Business Review.

Relembre sempre que seus resultados são frutos dos relacionamentos interpessoais dentro e fora da empresa, da clareza e forma de alcançar os objetivos estratégicos e táticos, do monitoramento e aperfeiçoamentos do desempenho, da qualidade e motivação das equipes para atuarem alinhadas, do método de gestão e do estilo da liderança existente, fatores capazes de transformar desempenhos medíocres em desempenhos excepcionais.

12. FUNDAMENTOS DA EQUIPE DE ALTO DESEMPENHO

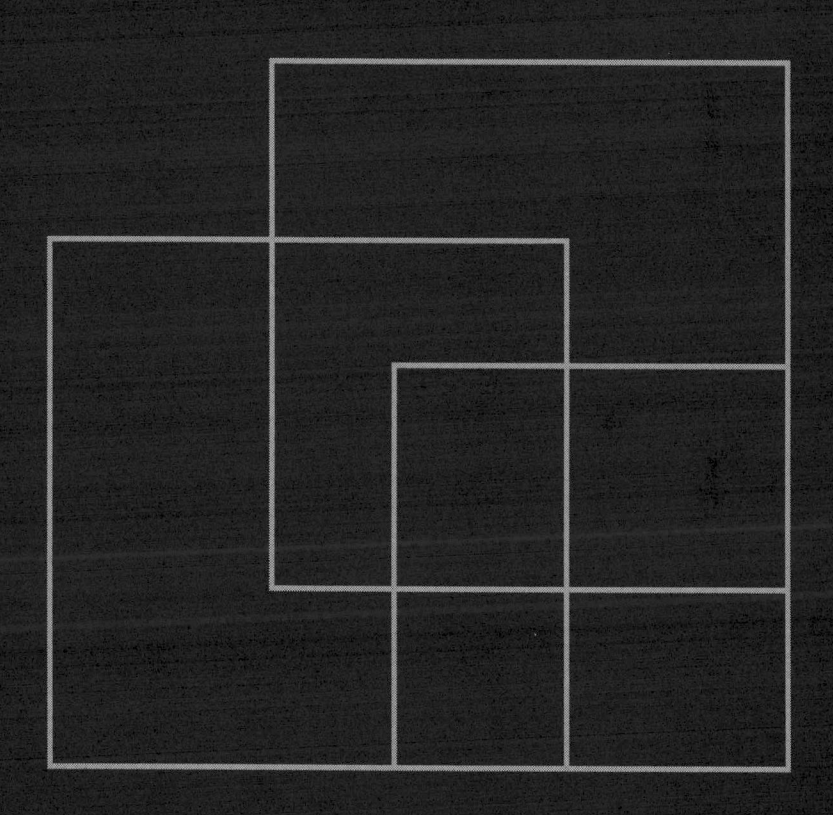

Além dos líderes, formar equipes de alto desempenho também deve ser prioridade para as organizações comprometidas com a coerência e consistência dos seus resultados, pois fortalece a cultura organizacional, prepara-as para momentos de crise, estimula a identificação e aproveitamento de oportunidades, direciona as correções necessárias, favorece o aprendizado compartilhado e resiliência permanentes, fatores que colocarão a organização entre as melhores do seu setor. A seguir pontuo os fundamentos da equipe de alto desempenho:

- Os participantes estão profundamente comprometidos com o crescimento e o êxito de cada um.

- Existe um fazer em comum que nutre as relações de interdependência e aprofunda a confiança de cada um no colega: "um por todos e todos por um".

- Cada um se sente parte de um todo e, ao mesmo tempo, carrega o todo dentro de si integralmente.

- Cada membro representa oportunidades de aprendizado para o outro.

- O nível de resultados supera as expectativas e o de todas as outras formas de equipe, em iguais circunstâncias.

- Cada participante está em constante movimento de superação da própria performance. A crença na possibilidade de melhoria nutre a motivação e o ânimo de cada um e de todos ao mesmo tempo.

- A participação de todos se efetiva em soluções que de fato agregam valor para aqueles a quem se destinam.

- A transparência, esmero na comunicação e objetividade marcam as relações entre colegas e do líder com a equipe.

- Os conflitos e as divergências são tratados abertamente, abordados de forma transparente para se evitarem desgastes futuros que possam subtrair a energia necessária para a realização dos resultados.

- O ambiente é emocionalmente aquecido, porque as pessoas estão sempre em um nível de tensão criativa por cumprirem compromissos consigo mesmas, com colegas e clientes, o que lhes exige foco permanente em resultados e soluções, não havendo espaços para melindres.

- A característica fundamental é o olhar permanente para o futuro, para o sonho, para uma condição e solução sempre melhor que a presente ou passada.

- O bom humor é mantido!

Importante considerar que o conflito ainda é um grande tabu para a maioria das pessoas, interpretado como implicância e deslealdade que podem provocar perseguições e rupturas, usualmente evitado para "preservarem-se" as relações pessoais e a confiança recíproca. As equipes de alto desempenho, no entanto, sabem que todos os grandes relacionamentos, em especial os que perduram ao longo do tempo, precisam do conflito produtivo para crescer...

As brigas destrutivas ou os conflitos pessoais enfocam a defesa de pontos de vista individualistas, disputas de egos, ataques maldosos e personalistas. As equipes têm reuniões chatas, criam ambientes onde a política pelas costas e os ataques pessoais crescem, fracassam em levar em conta todas as opiniões e perspectivas, desperdiçam tempo e energia com comportamentos artificiais e administrando riscos interpessoais, ignoram tópicos controvertidos fundamentais para o sucesso da empresa.

O conflito técnico produtivo, saudável e desejável, limita-se a pontos de vista técnicos e profissionais, linguagem despretensiosa, busca pelo melhor resultado para a empresa, propostas embasadas em fatos, dados e evidências. As equipes têm reuniões vivas e interessantes, extraem e exploram as ideias de todos os membros, resolvem os problemas reais rapidamente, minimizam a politicagem, colocam os pontos críticos na mesa para serem discutidos, compreendem que um ponto de vista é apenas a vista a partir de um ponto. Estimule o conflito produtivo!

Faça todos remarem na mesma direção, com muito empenho e ritmo, pois a descoordenação ou fraqueza de um prejudicará a todos. Considere essas orientações para construir e fortalecer seus profissionais, do maior ao menor na hierarquia, dando enfoque à performance e enfatizando que o companheirismo, o respeito às diferenças, a comunicação clara, o aprendizado conjunto e os bons sentimentos são o cimento que pavimenta o caminho das equipes extraordinárias!

12.1. MANUAL DA "HIPERPRODUTIVIDADE"

Contrariamente ao que a maioria das pessoas pensam, o profissional altamente produtivo não é o que resolve um grande número de tarefas em pouco tempo, de forma muitas vezes estabanada e amadora. O hiperprodutivo é aquele que sabe selecionar as poucas atividades que trarão os resultados mais relevantes e prioritários, exatamente por isso direcionando a atenção e não desistindo até que elas estejam concluídas.

De modo geral, entre 10% e 20% das suas tarefas são responsáveis por 80% a 90% dos resultados, sendo todo o resto menos relevante, delegável ou simplesmente eliminável. Seu rendimento pode potencialmente dobrar ou até triplicar se você se dedicar exclusivamente às suas prioridades, entendidas como as tarefas capazes de realizar seus objetivos de resultados mais importantes. As não-prioridades, no entanto, afastam você dos objetivos relevantes e prioritários,

O grande problema da armadilha de ser "multitarefa", provocando uma ineficiência perigosa, é que as pessoas sem perceber desperdiçam tempo com coisas que têm pouco ou nenhum valor, que produzem resultados insignificantes. Estudos indicam que não somos capazes de fazer "multitarefas", na realidade isso nem existe pois apenas alternamos tarefas, onde o revezamento da atenção é muito ruim para a produtividade.

Ao tirarmos o olhar de uma tarefa para fazer outra, demoraremos em média 20 minutos para voltar à nossa missão original. Isso significa que se ficarmos interrompendo o tempo todo um determinado trabalho, gastaremos mais tempo para completá-lo e as interrupções causarão cansaço e frustração. Ademais, se o profissional está ocupado com dezenas de tarefas irrelevantes, possivelmente não está trabalhando naquelas poucas que seriam relevantes. Pessoas que "trabalham muito e em todas as direções" estão prejudicando a si mesmas, porque na maior parte do tempo gastam energia em coisas que têm pouca contribuição significativa para as suas vidas. O ideal é se concentrar numa única tarefa, sem interrupções, ignorando todo o resto.

Se você elaborar uma lista com tudo que precisa fazer ao longo de um mês, chegará a uns 30 itens. Se analisá-los bem, descobrirá que de 3 a 6 são responsáveis por mais de 80% dos seus resultados prioritários. Todo o resto é perda de tempo! Quem passa muito tempo envolvido com as outras 27 ou 25 tarefas irrelevantes, será menos produtivo.

O hiperprodutivo delega, terceiriza ou elimina tudo aquilo que não interessa ou agrega pouco resultado. Certa vez perguntaram para Warren Buffett, um dos homens mais ricos do mundo, qual era o segredo do seu sucesso. Ele respondeu que "simplesmente dizia não" para tudo que não estivesse ligado às duas ou três tarefas mais importantes do seu dia.

Como dica para descobrir as suas três ou cinco tarefas cruciais do dia ou da semana, elabore uma lista com tudo que você precisa fazer e pergunte: se eu pudesse fazer uma só coisa, com máxima contribuição para os resultados que considero prioridades, qual seria? Então comece a trabalhar e implementá-la, com foco total até concluí-la. Use esse mesmo raciocínio para determinar as outras poucas atividades que realmente precisam ser feitas.

Lembre-se que sua organização não quer pessoas que concluem muitas tarefas, aleatoriamente, ela quer pessoas que trazem os resultados prioritários em suas áreas de atuação. O rendimento pode dobrar, ou até triplicar, se cada profissional se dedicar exclusivamente aos seus objetivos primordiais.

Para definir as ações de curto prazo e que exigem esforços imediatos, a pergunta direcionadora é: qual é o emprego mais valioso do meu tempo agora, para contribuir para os objetivos prioritários no curto prazo? Reconheça as tarefas cruciais e faça-as imediatamente, pois cada minuto do dia é valioso.

As ações de longo prazo igualmente têm enorme consequência para os resultados estratégicos do negócio ou atividade da sua organização. Faça a seguinte pergunta: qual é a coisa mais importante que eu preciso fazer hoje, na semana e no mês, como parte de um conjunto de ações que contribuirão para os objetivos prioritários no longo prazo?

Recomendação importante é começar sempre pelo que há de mais desagradável na sua lista, pois a primeira coisa que você deve fazer pela manhã é "comer um sapo vivo". Esse "sapo" é a tarefa mais complicada, mais assustadora e difícil! Persevere até ela estar 100% pronta, assim terá a satisfação de saber que aquilo foi a pior coisa que poderia acontecer com você naquele dia...

Ao se livrar do que é difícil, seu cérebro libera endorfina e você se sente muito bem, cheio de energia e disposição. A motivação será tão grande que trará a vontade de começar uma nova tarefa, fortalecendo sua autoestima, entusiasmo e bem-estar. Quando você experimentar isso, acabará repetindo todos os dias e se sentirá realizado. Em vez de procrastinar, encontrará motivação para realizar cada vez mais pois a produtividade vira um hábito e as pessoas altamente produtivas são mais felizes do que as improdutivas!

Sobre a tecnologia, o propósito de todo avanço tecnológico é diminuir o tempo e a energia necessários para fazer alguma coisa, para aumentar a eficiência e a qualidade de vida. Mas se por um lado a tecnologia facilita e agiliza certos trabalhos, por outro cria distrações quase irresistíveis porque ajuda a realizar atividades de baixo valor, que no fim resultarão em desperdício de tempo, frustração e infelicidade. Lembre-se que a sua disciplina e capacidade de planejamento determinarão o bom uso desses recursos. Se você não decidir priorizar, certamente vai se perder com distrações perigosas.

Para começar bem o seu dia de trabalho, na noite anterior planeje tudo o que precisa fazer no dia seguinte e organize os seus itens numa lista usando o método ABCDE, colocando uma dessas letras ao lado de cada tarefa. O critério tem a ver com as palavras-chave da gestão do tempo: esforço e consequência.

A tarefa A é aquela que trará grandes consequências relacionadas aos resultados prioritários para você, se for concluída. A tarefa B é aquela que trará consequências, mas não tão grandes quanto as de A. A tarefa C é aquela que não trará quase nenhuma consequência. A D é aquela que você pode delegar. A E é aquela que você pode eliminar...

Quando chegar pela manhã ao trabalho, cheque seus e-mails em 30 minutos, logo após pegue sua lista e comece a trabalhar em A. Não veja mensagens nem se ocupe com mais nada até concluí-la. Cheque novamente e responda seus e-mails em 20 ou trinta minutos e após passe para as tarefas B, concluindo sucessivamente até a realização total.

Agora que você sabe o caminho, tenha disciplina, decida e torne-se um profissional hiperprodutivo, ensinando a todos da sua equipe para que a sua organização, como um todo, seja super eficiente. O sucesso vem da ação e não da intenção!

12.2. DICAS PARA O BOM RELACIONAMENTO INTERPESSOAL

O relacionamento interpessoal favorece a boa convivência e confiança entre os membros da equipe de alto desempenho, necessitando ser compreendido e cultivado. Ensine e enfatize os seguintes itens:

- Usar a cordialidade no tratamento sempre: por favor, por gentileza, muito obrigado, com licença, bom dia, boa tarde, boa noite etc.

- Alimentar uma atividade religiosa ou voluntária, para equilibrar os esforços e dedicação de energia.

- Praticar meditação ou um esporte que goste, para extravasar o excesso de tensão e harmonizar a química cerebral.

- Procurar dar abertura, mas não intimidade para as pessoas, no ambiente de trabalho: limites conscientes preservam as boas relações.

- Usar um tom de voz baixo e abordar assuntos adequados ao ambiente profissional, de interesse da organização. Ambiente de trabalho não é ambiente particular ou doméstico.

- Evitar críticas destrutivas, marcadas pelo enfoque nos problemas e defeitos.

- Fazer críticas construtivas, reconhecendo os esforços, recomendando soluções e caminhos.

- Enviar e-mails com esmero na comunicação, objetividade e cordialidade:

- Pessoa incluída no destinatário significa: "por favor, entre no circuito, pois o assunto envolve diretamente você, caso não responda nos prazos será interpretado que está de acordo com os desdobramentos..."

- Pessoa em cópia significa: "por favor, fique ciente, pois esse assunto envolve-o indiretamente. Silêncio é concordância, se entender necessário entre no circuito e opine..."

- Pessoa em cópia oculta indica: "por favor, fique ciente, mas não entre no circuito. Converse sobre esse assunto comigo e responda apenas para mim..."

- Fortalecer o autocontrole e equilíbrio:

- Contar até 10 (30 segundos a 1 minuto) antes de responder algo que despertou um forte sentimento. Ter consciência do estado emocional!

- Se perceber que ainda está "enfurecido" ou "passional", fazer uma caminhada de 2 minutos para espairecer, lavar o rosto, pensar em assuntos positivos que contribuam para o seu reestabelecimento interior e equilíbrio.

- Lembrar que muitas vezes as pessoas não têm a intenção de ferir ou simplesmente não conseguem perceber a gravidade de determinado assunto.

- Nunca levar para o lado pessoal!

Essas dicas simples e fáceis de implementar aumentarão a sinergia, harmonia e confiança entre todos, reforçando os pilares da equipe de alto desempenho.

13. DESMITIFICANDO A INOVAÇÃO: INOVAR NA MEDIDA CERTA

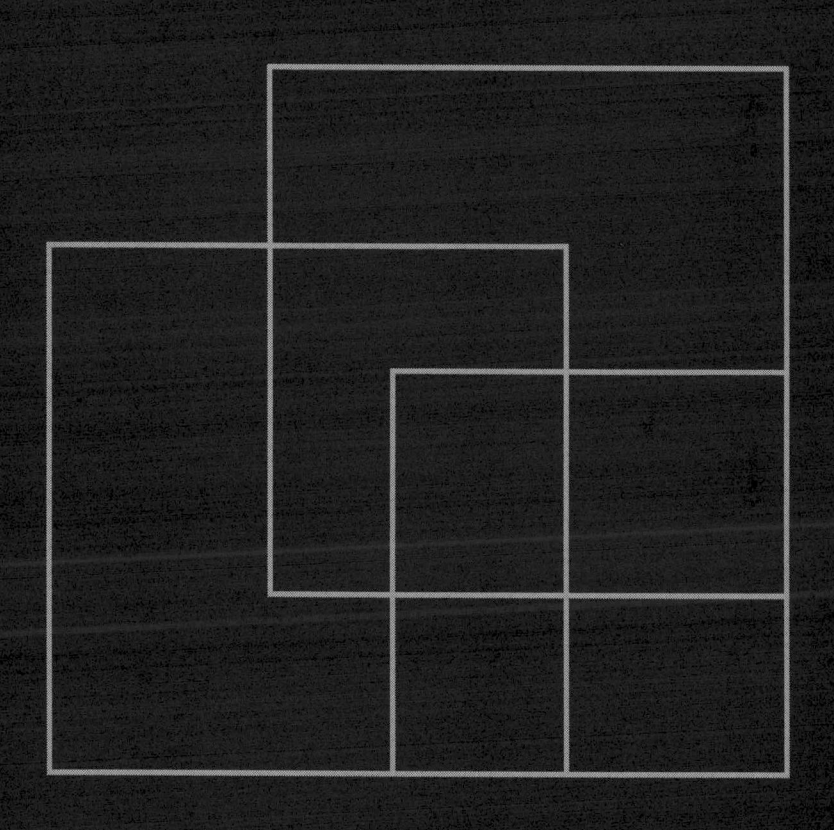

Os mitos tradicionais da gestão insistem na tese de que as empresas devem fazer revoluções gerais com frequência, mudar mais por dentro do que por fora, obrigar-se a mudar radicalmente e fazer isso o tempo todo. No entanto, esse pode ser o caminho da mediocridade e não da prosperidade, na turbulência da atualidade precisamos pensar de modo diferente e rejeitar a ideia de que o único caminho para a contínua prosperidade é a contínua revolução corporativa.

Se você quer se tornar medíocre ou ser massacrado por um ambiente turbulento, então comece irracionalmente a mudar, a perder a essência, a pular e se transformar o tempo todo, em contínua reação a tudo que o atinge. Estudos, pesquisas e experiências práticas demonstram que a marca da mediocridade não é a indisponibilidade para mudar e sim a inconsistência aguda e crônica.

Inovar por inovar, pelo simples prazer ideológico de fazer algo novo, com baixa capacidade financeira ou de forma desconectada com o propósito essencial e realidade de mercado, pode ser o caminho da autodestruição. Não por acaso, mais de 50% das *startups* brasileiras fecham as portas até 4 anos de existência, em razão da baixa capacidade de adaptação dos gestores às mudanças e necessidades do mercado e maior frequência de problemas de relacionamento entre os sócios. Conciliar capacidade de investimento e velocidade da inovação, com foco nas demandas reais dos clientes, melhora consideravelmente as chances de prosperidade do negócio porque aumenta as vendas, melhora a capacidade financeira e potencializa os diferenciais competitivos. Além disso, valida a aceitação do mercado e atesta o melhor caminho a ser seguido.

Cada ambiente possui um "nível adequado de inovação" que é necessário atingir para entrar e participar do jogo competitivo. Alguns setores, como aviação comercial, aluguel de equipamentos e veículos, educação profissional e seguros, têm um baixo nível; enquanto outros, como semicondutores, biotecnologia, computadores e desenvolvimento de softwares, apresentam um nível mais elevado. As empresas que não conseguem entender e atingir esse patamar adequado não têm chances de prosperar, ao passo que igualmente ficar muito acima pode não fazer tanta diferença e consumir excessivamente o caixa. Isso se dá porque quando uma empresa atinge o padrão de inovação necessário para competir e sobreviver, complementarmente precisa combinar vários outros itens para atingir o alto desempenho, em especial muita disciplina, agilidade inteligente, líderes fortes, gestão profissional, foco estratégico e hipervigilância.

Para direcionar sua inovação ao mercado, considere a oferta de valor para o cliente na forma de hierarquia em três níveis:

- Qualificadores: componentes fundamentais de seu pacote de valor para o cliente, exigido para estar no negócio, esperado de você e seus concorrentes. Exemplos: qualidade, pontualidade, limpeza, atendimento gentil e pessoas qualificadas. Não garantem diferenciação ou vantagem, mas são necessários para "entrar no jogo".

- Desejados: aspectos de valor adicional que os clientes conhecem e gostariam de ter, mas não necessariamente esperam devido ao nível de desempenho de seus concorrentes. São fatores "ganhadores da venda", primeiro nível de diferenciação e superioridade competitiva. Exemplos: conveniência, *mix* de produtos, customização, atendimento antecipado, garantia estendida, financiamento, contexto da compra, informação técnica, consultiva e atualizada. Esses fatores geram confiança e segurança, completando o produto e serviço oferecido.

- Inesperados: aspectos que vão além da expectativa e desejos do cliente, criando uma relação de fidelidade e clientes que "vendem e endossam" o produto ou serviço da sua empresa. Exemplos: uma resposta inesperadamente rápida, um nível muito superior de conhecimento por parte de seus funcionários, conhecimento prévio das necessidades do cliente para evitar gastos desnecessários ou garantir o sucesso por meio do serviço ou produto adquirido. São aspectos de surpresa que podem consideravelmente destacá-lo dos concorrentes.

Importante lembrar que os requisitos dos níveis desejados e inesperados não ajudam muito se os aspectos no nível qualificadores não forem cumpridos, ou cumpridos com mediocridade. A hierarquia do valor para os clientes é progressiva e cumulativa: cada nível é formado com base nos níveis anteriores.

A Intel, por exemplo, em vários momentos da sua história, não deteve o chip mais inovador do setor. Ficou muito atrás da National Semiconductor e da Texas Instruments na migração para os microprocessadores de 16 bits, com o Intel 8086 sendo considerado pior que o Motorola 68000. Posteriormente, a Intel demorou para comercializar seus microprocessadores de 32 bits e ficou para trás diante dos primeiros chips "RISC" com reduzido conjunto de instruções, tendo que acelerar para retomar a velocidade ideal competitiva. Evidentemente que a Intel criou inovações importantes, mas os dados históricos mostram que nos momentos críticos foi menos pioneira em inovação, diferentemente do que as pessoas pensam.

Outros casos interessantes que fortalecem essa evidência: a Gillette não foi a pioneira em lâminas de barbear e sim a Star, a Polaroid não inventou a câmara que tira fotos instantâneas e sim a Dubroni, a Microsoft não criou os programas de tabelas e janelas para computador pessoal e sim a VisiCorp, a Amazon não foi a pioneira na venda de livros online nem a OAL a primeira provedora de acesso à Internet. Aprofundamentos estatísticos em mais de 66 mercados norte-americanos, desde goma de marcar à Internet, demonstram que apenas 9% dos pioneiros na inovação se tornaram dominantes em seus respectivos mercados e 64% fracassaram logo de início. A inovação é fundamental, mas na medida certa, combinada com a excelência operacional e de acordo com a realidade financeira da organização.

Steve Jobs retornou à Apple, em 1997, após ter sido afastado do conselho de administração, em 1985, fazendo a empresa superar a média de valorização do mercado de capitais em 127% até 2002, crescendo fortemente até se tornar a empresa de tecnologia mais valiosa do mundo em 2010. Interessante notar que a guinada para recolocar a Apple nos trilhos não veio do iPod, iTunes, iPad ou iPhone e sim da capacidade de gestão disciplinada combinada com criatividade e excelência operacional. Jobs trouxe um dos maiores especialistas em cadeia de fornecimento que o apoiou a identificar áreas de oportunidade, cortar benefícios, deixar de financiar o programa sabático corporativo, aumentar a eficiência operacional, reduzir toda a estrutura de custos e resgatar a cultura de trabalho árduo com qualidade que havia marcado os primeiros anos da Apple.

Tudo aquilo que não ajudava a empresa a retomar sua capacidade de criar grandes produtos adorados pelos clientes seria descartado, fatiado e sumariamente eliminado. Os custos operacionais caíram, a razão entre o caixa e o passivo circulante dobrou e depois triplicou, a dívida de longo prazo despencou quase 65% e a razão entre o passivo total e o patrimônio líquido caiu mais de 50% entre 1998 e 1999. Tudo isso, repito, antes do iPod, iTunes, iPad ou iPhone!

Jobs voltou no tempo para ressuscitar um produto que havia ajudado a criar uma década antes, o computador Macintosh, considerado ainda uma "grande descoberta" e com alto valor potencial de mercado. A Apple lançou os Power Macs, os Power Books e o iMac, conscientemente aprimorando ao máximo essa frente de valor ao mercado que já tinha, antes de buscar novas frentes...

13.1. ESTIMULE A INOVAÇÃO

Envolva as melhores pessoas de dentro e de fora da empresa para opinarem sobre os temas mais importantes do presente e futuro do negócio. Crie o "Comitê de Clientes" e convide seus 8 ou 10 clientes mais inteligentes para, pelo menos uma vez por trimestre, opinarem em assuntos como:

- ideias e conceitos relativos a novos produtos e serviços, antes do lançamento;
- melhorias possíveis nos atendimentos, eventos, sites, redes sociais, produtos e serviços atuais;
- o que não valorizam, podendo ser eliminado ou reduzido;
- o que valorizam, para ser mantido ou aumentado;
- o que passaram a valorizar, devendo ser oferecido pela empresa de forma inovadora;
- principais problemas, para serem prioritariamente resolvidos;
- sugestões de eventos e outras ações para estarem mais próximos da empresa;
- assuntos e informações gerais que gostariam de saber sobre a empresa;
- opiniões sinceras sobre os funcionários que se relacionam com eles, para ações de melhorias;
- outros temas específicos...

Ouvir e criar juntamente com seus clientes será uma forma de acertar mais e errar menos, especialmente nos assuntos que dizem respeito a produtos, serviços, marcas, imagem, índices de satisfação e confiança. Crie também o "Comitê de Fornecedores" e faça exatamente a mesma coisa, reunindo seus principais fornecedores trimestralmente para opinarem sobre:

- ideias para maior agilidade das entregas;

- ações e alternativas para redução dos custos das matérias-primas, possibilitando produtos de qualidade e menores preços finais;

- ações e alternativas para redução dos preços dos itens que compõem as despesas gerais e administrativas;

- ideias para a empresa trabalhar com a quantidade ideal de estoque, mantendo o mínimo possível de itens parados e ocupando espaço;

- sugestões de novos produtos ou serviços e como poderiam apoiar o desenvolvimento;

- melhores condições de pagamentos, entregas e volumes negociados;

- sistemas de tecnologia para facilitar os pedidos e a comunicação com a empresa;

- outros temas onde possam contribuir.

Crie também o "Comitê de Funcionários e Especialistas", reunindo seus funcionários e especialistas externos (consultores, professores etc.) mais inteligentes para trimestral ou semestralmente opinarem sobre:

- sugestões de novos produtos ou serviços, fortalecendo a inovação;

- recomendações de melhorias nos processos internos e externos;

- sugestões de melhorias na comunicação interna e externa;

- aprimoramentos para treinamentos e programas de desenvolvimento, contemplando todos os níveis hierárquicos;

- ideias de melhorias nas tecnologias e ferramentas de gestão;

- sugestões de melhorias nas relações entre os líderes e suas equipes;

- sugestões de melhorias aos líderes máximos da empresa, tornando-os mais próximos das equipes de base;

- assuntos e informações gerais que gostariam de saber sobre a empresa;

- ações para tornar o ambiente da empresa mais agradável;

- ideias para a empresa se tornar mais admirada e desejada;

- ideias para os funcionários, em especial os talentos, quererem ficar e não saírem para os concorrentes;

- outros temas onde possam contribuir.

Seja muito seletivo para escolher quem realmente possa contribuir, evite selecionar por mera afinidade ou gosto pessoal. Tenha muita disciplina para contratar e convidar os participantes, realizar as reuniões nas datas definidas, ouvir e registrar tudo para decidir e implementar. Não deixe para a última hora, comece o ano com as datas dos encontros de cada comitê e seleção dos participantes, fazendo com que se comprometam a participar assiduamente.

14. O CAMINHO DO COLAPSO, EVITE-O OU PREPARE-SE PARA O PIOR

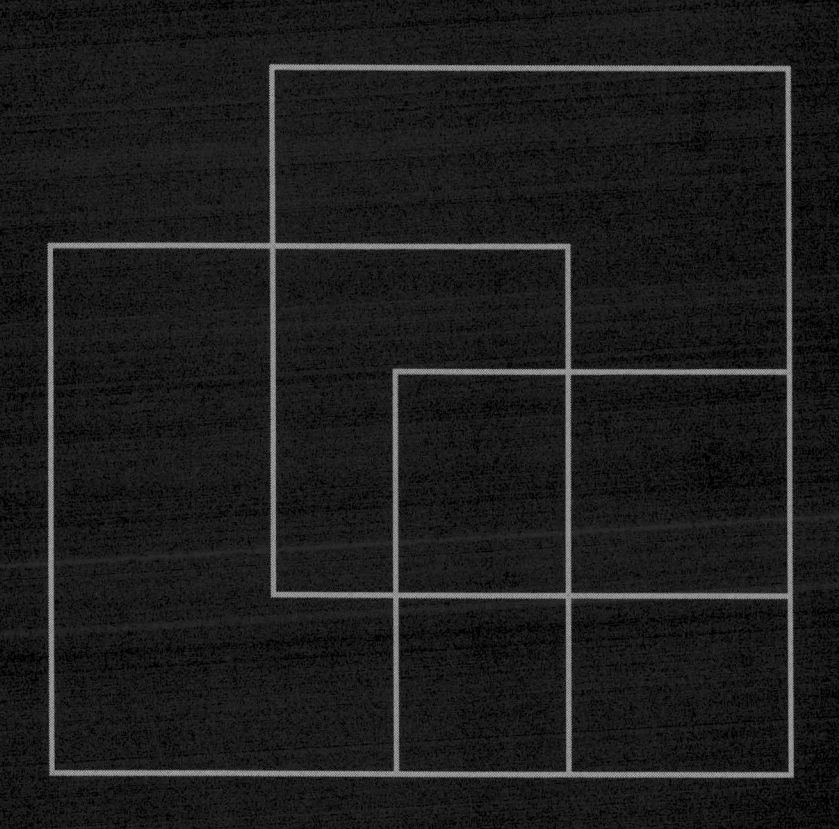

Precisamos entender os motivos do fracasso no mundo empresarial, suas nuances e circunstâncias, para evitarmos erros velhos, acertarmos mais e construirmos organizações capazes de prosperar tanto na bonança quanto na tempestade. A experiência prática em inúmeros projetos de consultoria e treinamento, para empresas de distintos portes e setores, somada a estudos profundos sobre o tema indicam quais erros podem levar ao colapso. Conhece-los bem, exatamente para evitá-los a todo custo, pode ser a diferença entre seguir prosperando ou morrer.

A lista abaixo aponta os maiores erros cometidos pelas empresas, capazes de provocar o colapso:

- Gestão amadora e intuitiva, baseada na tentativa e erro: os líderes e colaboradores agem com pouco ou nenhum critério, decidindo de acordo com as circunstâncias, "gostismos" e "achismos" pessoais. Não há pactuação de resultados prioritários para serem entregues pelos responsáveis de cada área, nem indicadores de desempenho ou metas. As análises e decisões são tomadas de forma intuitiva, sem o respaldo dos fatos, dados e evidências. Focam o curto prazo, sem visão de futuro, planejam muito pouco ou nada, desperdiçando e perdendo dinheiro por falta de controle, afastando talentos e bons fornecedores, endividando-se a altas taxas de juros, celebrando acordos antiéticos, cometendo erros primários que poderiam ter sido evitados caso avaliassem os estudos e experiências existentes.

  Exemplo: o Banco Rural menosprezou a boa gestão, não controlou a conduta dos seus principais executivos e fomentou uma rede de corrupção ligada ao poder público e às agências de publicidade. Em 2005, era o 18º maior banco privado do Brasil, mas perdeu a confiança dos seus clientes, enfrentou sérias dificuldades financeiras e foi liquidado pelo Banco Central em 2013.

- Falta de clareza sobre as responsabilidades e entregas de resultados de cada sócio: causa da sobreposição de funções e decisões desalinhadas, conflitos de poder, separação das equipes internas de acordo coma afinidade por esse ou aquele sócio. A empresa fica dividida, existindo diversos grupos, multiplicidade de interesses, atitudes de confronto pessoal e fragmentação das forças.

Exemplo: por desconhecimento e resistência a assuntos que podem gerar desconforto pessoal na relação societária, empresas de pequeno e médio portes enfrentam esse problema com muita frequência, crescendo pouco e despendendo um tempo precioso que poderia ser usado para a união de todos e fortalecimento dos resultados do negócio.

- Baixos controles financeiros e contábeis: registros pouco confiáveis sobre o dinheiro que deveria entrar e efetivamente entrou no caixa, pagamentos e investimentos que deveriam ter sido feitos e efetivamente foram feitos aumentam a ignorância sobre a verdadeira saúde financeira da empresa. Esse descaso informacional causa grave displicência sobre a inadimplência, aumento dos endividamentos para tapar "buracos" no caixa, remunerações irreais dos sócios, desvios de dinheiro e prejuízos muitas vezes irreversíveis.

Exemplo: insuficiência de caixa, tanto para financiar a operação (capital de giro) quanto para investimentos, é a causa mais comum do fechamento das micro e pequenas empresas.

- Sistemas de tecnologia e bases de dados gerais pouco confiáveis e sem *backup*: se as informações sobre clientes, concorrentes, transações, fornecedores, pagamentos, recebimentos, finanças, contabilidade e funcionários, dentre outras, não são minimamente confiáveis e protegidas, as análises e decisões serão igualmente fracas e equivocadas.

Exemplos: a Apple implementou uma forte gestão baseada em tecnologia da informação, com os dados do negócio integrados e protegidos, quando era uma empresa pequena na década de 1970, assim como fez a Netflix na década de 1980. Elas não chegaram onde chegaram por mera sorte...

- Lideranças fracas e ausência de treinamentos constantes: se não há aprimoramento técnico permanente, remunerações e resultados pactuados, as pessoas desempenham e decidem mal. Lideranças fracas são incapazes de mobilizar suas equipes para os resultados e atitudes adequadas à saúde dos negócios, são incoerentes no falar e agir, promovem por "apadrinhamento" e critérios subjetivos pessoais, menosprezam a meritocracia, agem de forma egoísta e narcisista.

Exemplo: Jeff Immelt, presidente da GE, afirma que sua tarefa mais importante é atrair pessoas talentosas e leais que trabalhem juntas de forma eficiente e dar-lhes apoio com uma cultura baseada em desempenho, trabalho em grupo e integridade.

- Baixa conexão com a evolução do mercado e pouco conhecimento sobre os concorrentes: passividade e reatividade fazem os líderes serem constantemente surpreendidos pelas ações dos competidores, agirem de forma descoordenada e atrasada, desperdiçarem oportunidades, ignorarem ameaças, perderem a clareza sobre seus diferenciais, distanciarem-se das expectativas dos clientes e parceiros de negócios. A perda de receitas, mercados e talentos é consequência natural dessa combinação desastrosa.

- Excesso de confiança vindo do sucesso: geralmente os líderes empresariais acomodam-se diante do sucesso, acreditando que são pessoas especiais tocadas permanentemente pela "sorte". Menosprezam os riscos e ficam iludidos pela própria arrogância, sentindo-se inigualáveis no que fazem, acreditando que não precisam mais de ajuda, menosprezando os concorrentes e futuras ameaças. Exemplo: A então líder mundial em aparelhos celulares, Motorola, continuou apostando na tecnologia analógica do celular StarTac, embora as tendências indicassem a vinda da tecnologia digital. Alertados sobre o perigo, os executivos da empresa simplesmente ignoraram e seguiram "cegamente" fazendo mais do mesmo.

- Crescimento desordenado e acelerado: cegos pela arrogância e ganância, os líderes empresariais fazem com que a empresa cresça de forma desordenada, deixando de planejar e colocar as pessoas certas nas posições-chave para garantir os resultados prioritários. Acreditam ingenuamente que a inovação, ideológica e a qualquer preço, gera um crescimento sustentável a longo prazo, provocando um perigoso desvio do foco central do negócio e ingressando em mercados onde não possui excelência para atuar.

  Exemplo: para competir com o Wal-Mart nos Estados Unidos, a varejista Ames decidiu que dobraria de tamanho em apenas 12 meses, fazendo uma aquisição gigantesca e desastrosa, solicitando concordata quatro anos depois.

- Negação e soberba diante dos riscos e perigos ao negócio: os líderes empresariais fazem apostas em projetos utilizando mais a "intuição" e menos as análises criteriosas dos fatos, dados e evidências de probabilidades reais de bons resultados. Evidentemente que a intuição é importante, mas como um direcionador que também precisa passar pelas avaliações e análises profissionais, de modo a confirmar os caminhos intuídos.

- Quando os graves problemas aparecem, geralmente buscam culpados internos e fatores ambientais externos para explicar a situação, sem coragem para atacar diretamente as causas, as raízes complicadas dos problemas. Instala-se um clima de "salve-se quem puder", alimentando a politicagem interna e decisões desfavoráveis à empresa.

  Exemplo: quando o negócio de mainframes da IBM começou a naufragar, um dos diretores fez um relatório detalhado apontando os perigos e sinalizando alternativas, mas foi ignorado pela alta direção.

- Desespero diante da realidade: nos momentos muito difíceis, os líderes menosprezam o profissionalismo, a inteligência interna e buscam "soluções mágicas" para transformar a realidade, como trazer de fora um líder visionário carismático, implementar uma estratégia ousada, mas fraca em termos de comprovação prática, fazer uma drástica revolução cultural, lançar um novo produto ou serviço com presumido alto potencial de venda, comprar outras empresas ou qualquer solução considerada "salvadora e genial"...

  Geralmente, os resultados parecem bons no curto prazo, mas não resolvem em definitivo as causas complicadas dos problemas enfrentados. Decisão sensata seria atuar com as melhores equipes internas, de modo profissional e criterioso, delegando poder a líderes que conhecem os valores da empresa e sabem enfrentar as dificuldades com cautela e coerência, atuando no presente para construir o futuro.

  Exemplo: em 1998, a HP contratou como presidente a americana Carly Fiorina, eleita pela revista Fortune a mulher mais poderosa do mundo. Era carismática, mas não conhecia a fundo a realidade nem a cultura da empresa, tomando decisões precipitadas e arriscadas como a compra da concorrente Compaq, em 2002. A fusão não gerou os resultados desejado e ela foi demitida 3 anos depois.

Apenas compreender não adianta, você precisa disseminar esses alertas para todos os decisores da sua empresa e criar projetos, ações específicas e procedimentos para obsessivamente evitá-los. Sua proteção estará na hipervigilância e monitoramento constantes, jamais cedendo ao comodismo da zona de conforto. Repita incansavelmente até que todos façam automaticamente e ensinem aos demais, assim ficará gravado no seu "DNA organizacional".

15. MATURIDADE EMOCIONAL: DECISÕES PROFISSIONAIS, PROSPERIDADE PROFISSIONAL E PESSOAL

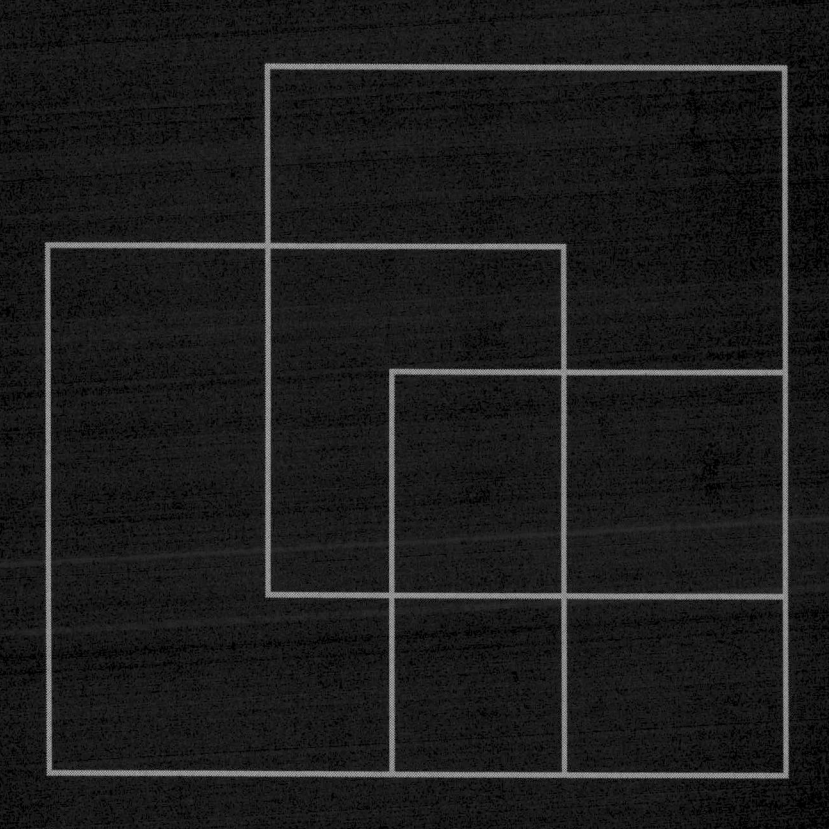

O amadurecimento emocional trata da importância da delicadeza no trato das relações interpessoais, da necessidade da temperança e do equilíbrio para melhor lidar com as dificuldades e tensões que envolvem as relações profissionais e pessoais. Esse tema é fundamental para sua prosperidade, em especial porque os ambientes de trabalho não mais toleram pessoas agressivas, estouradas, egoístas, indisciplinadas e com comportamentos relacionados à imaturidade emocional: comportamento típico de uma criança de aproximadamente 7 anos de idade, marcado pela baixa tolerância a contrariedade e frustrações.

Essa intolerância imatura significa uma tendência para reagir muito revoltadamente quando contrariado, com respostas agressivas diante da adversidade. São as pessoas chamadas de "gênio forte", de "estopim curto", geralmente com pouca autocrítica, sempre dispostas a apontar culpados e não reconhecer os próprios erros. Como todas as crianças, não suportam contrariedades, mentem e acusam para salvar a própria pele, entendem que o seu direito está acima do direito dos demais, demonstrando pouca ou nenhuma capacidade de se colocar no lugar dos outros.

A capacidade de se colocar no lugar de outra pessoa, de ver o mundo também por um ângulo diferente, define um passo importante na direção da maturidade emocional. O indivíduo que tolera mal a frustração não aguenta a dor que essa operação implica e trava o processo, passando a ver o mundo apenas pela sua lente, desenvolvendo o egoísmo, definindo em verdade uma fraqueza e não força. O "gênio forte" ou "estopim curto" é, na realidade, um fraco e não um forte...

Essas pessoas imaturas, além de não terem controle sobre a agressividade, explodem em cima de quem quer que seja, acusam e reagem, dando vazão a todo tipo de sentimento. Não raramente invejam as pessoas mais equilibradas e calmas, demonstrando o quanto se ressentem por serem como são, mas infelizmente fazem pouco para se transformarem e buscarem de fato o ponto de equilíbrio, da temperança.

Liderar pelo medo saiu de moda completamente! Esse tipo de pessoa que se coloca como fisicamente mais forte, mandão, autoritário, que grita e ameaça, na realidade demonstra sua "infantilidade emocional", perde espaço no mercado e tem menos chances de evoluir empresarialmente. Agir com grosseria e tentar liderar por meio da intimidação deforma as relações, afasta os talentos, incentiva o descaso com o negócio, enfraquece o comprometimento, rompe elos de confiança, fecha portas para futuras parcerias estratégicas, dificulta a inserção em redes empresariais mais sofisticadas e o acesso a decisores de peso.

Isso faz todo o sentido se considerarmos que as empresas, na medida que crescem, deixam de ser propriedades individuais para se transformarem em sociedades anônimas, buscando o profissionalismo, com executivos que zelam pelos interesses de acionistas cada vez mais numerosos e dispersos geograficamente. A cada dia, reduz-se o espaço para a imaturidade emocional e se enfraquecem os profissionais com condutas emocionalmente duvidosas, incoerentes ou instáveis.

O futuro será um local onde a idoneidade moral vai crescer, menos pelo avanço psicológico dos seres humanos e mais pelo avanço da tecnologia, onde a deslealdade e corrupção serão cada vez mais facilmente rastreáveis. Felizmente, desenvolve-se de forma irrefreável uma conspiração silenciosa a favor da idoneidade e de uma gestão empresarial fundada na confiança, respeito, gentileza e delicadeza no trato. Mas respeito é uma palavra que a "criança emocional" desconhece, pois requer a consideração dos direitos e diferenças das outras pessoas, por isso ficará cada vez menos confortável diante dos avanços do tempo. Quem não fizer esse crescimento emocional, mesmo com competência técnica vai enfrentar um futuro profissional altamente comprometido e conturbado.

Maturidade emocional profissional significa o domínio da razão, do senso de respeito e justiça sobre outros componentes, inclusive sobre as próprias emoções, o que não significa ser um robô racional. Eleger a razão como guia não decreta a ausência dos sentimentos, antes pelo contrário, significa que os sentimentos são aprimorados e educados pela razão, com inteligência e autocrítica.

Essa evolução fomenta também a autoestima, no sentido de valor, estimativa, o "valor estimado" que o indivíduo forma sobre si mesmo, como a capacidade de ser de acordo com aquilo que idealmente gostaria de ser. Se deseja ser controlado, delicado, atento aos outros e respeitoso, mas é grosso, egoísta, desrespeitoso e se irrita profundamente quando contrariado, será impossível ter boa autoestima. A questão central é assumir as limitações, com autocrítica, aceitar que a autoestima está baixa pelo fato de estar aquém do idealizado e empenhar-se na direção de aproximar aquilo que é daquilo que realmente quer ser.

Uma das coisas que ajuda muito a crescer emocionalmente é ficar um pouco sozinho, se colocar numa situação onde não haja a quem recorrer, obrigando-se a conviver com o tédio que muitas vezes é estar consigo mesmo, refletindo com humildade e estabelecendo relações afetivas íntimas e profundas, com coragem para assumir os próprios erros e tentar arriscar coisas novas. Toda empreitada nova envolve um risco potencial de fracasso, se o indivíduo não suporta frustração, dor e sofrimento, também não suporta o fracasso, uma dor boa quando existe humildade para aprender com ela. Não arriscar significa perpetuar os próprios padrões de comportamento, de modo que para sair desse círculo vicioso é preciso experimentar novas possibilidades, forçar-se a respeitar as diferenças de opiniões, diante de circunstâncias desfavoráveis.

Vencer não é vencer os outros, é ultrapassar as próprias limitações. Isso requer um cérebro poroso, com capacidade de aprender permanentemente, identificar sutilezas, garimpar pérolas, ouvir com real interesse, ler com atenção peculiar, sem preconceitos, sem pudor para jogar fora um ponto de vista antigo caso apareça outro melhor. Ser um indivíduo poroso é ser um eterno reciclador de conhecimentos, desfrutar cada descoberta com prazer inesgotável.

O gosto pelo conhecimento e respeito pela maneira de ser da outra pessoa, pelo modo peculiar como o outro pensa, subentende também a ideia profunda da aceitação de que cada cérebro é único. Mas é preciso cultivar a porosidade íntima, o tempo todo interagir com o outro e com o mundo para aprender e perceber isso, enxergar com coragem e humildade que o outro lado pode ter formado um sistema de operações mais criativo e completo, fortalecendo os pilares do aprendizado que sustentarão o sucesso profissional e pessoal.

Pessoas que vão para frente e gostam de evoluir, além do cérebro poroso, têm vigor para dissociar e conviver com dúvidas. Criar qualquer coisa pressupõe colocar em dúvida alguma coisa tida como senso comum, como sabedoria inquestionável, não por capricho, mas porque a vida contextualizou o indivíduo a questionar aquela condição. Não é um processo mágico, indecifrável, mas depende de um estado mental, uma postura e maneira de ser que contribua positivamente para a maturidade emocional, coragem pessoal e amadurecimento diante do fracasso. Tudo com delicadeza, muito jeito, humildade e sensibilidade para não ofender ninguém.

Concluindo, seu sucesso integral está ligado ao jeito de viver, gerar, criar, produzir, inventar e reinventar-se permanentemente. A prosperidade real está no processo, no modo de caminhar, não apenas na chegada. Todo mundo que "chegou lá", todos os ganhadores do prêmio Nobel voltaram para casa e continuaram fazendo exatamente o que estavam fazendo antes de ganharem o prêmio, ou seja, é gente que se realiza fazendo o que faz, que se delicia no processo, na caminhada. Quem não for interiormente poroso não anda, fica estagnado, não vai para frente, não vive em intensidade, não se enriquece na dinâmica que alimenta o sucesso real: estar integralmente envolvido, cultivar a humildade, aprender sempre, respeitar e crescer com as diferenças, gostar de produzir de si, em equipe e fazer as coisas muito, muito bem-feitas... Eis o caminho, o tempo dirá.

16. NEGOCIE COM INTELIGÊNICIA E CONSCIÊNCIA

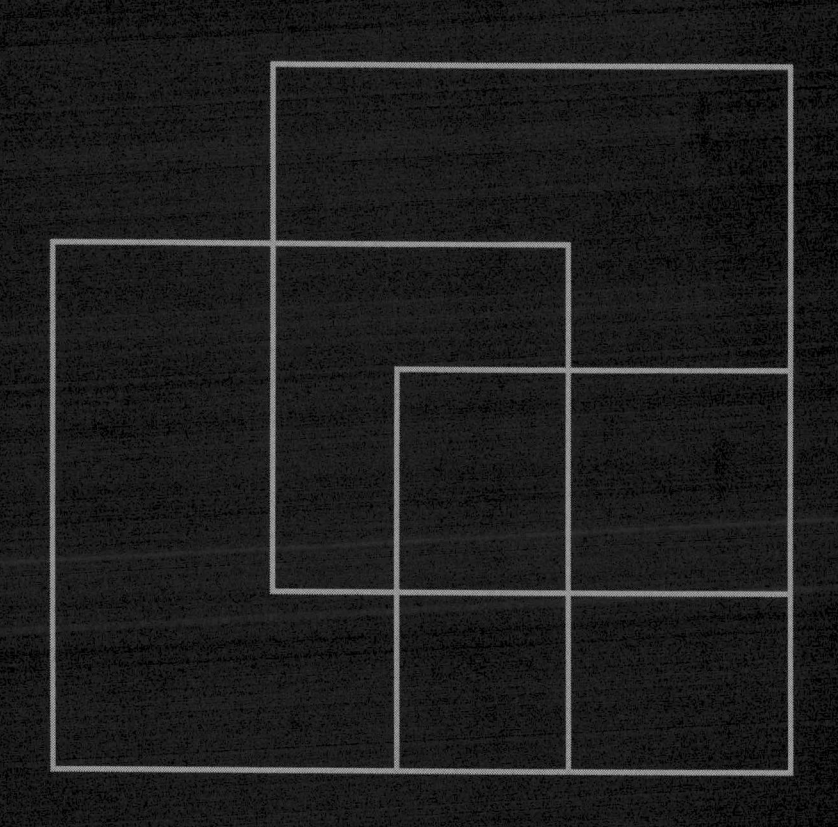

Saber negociar pode ser a linha divisória entre o sucesso e o fracasso, pois muitas pessoas têm ótimas ideias, excelentes argumentos e boas propostas, mas simplesmente não conseguem combinar esforços ou apoios nesse sentido. As negociações inteligentes são marcadas por um conjunto de etapas que conduzem ao alinhamento de ideias, objetivos e interesses para se obter o melhor resultado para ambas as partes. Os envolvidos precisam concluir a negociação conscientes de que foram ouvidos, tiveram oportunidades de argumentar e a pactuação final refletiu os esforços de todos para uma relação "ganha-ganha".

Nas negociações inteligentes, a boa comunicação e persuasão são fundamentais, incluindo habilidades técnicas e interpessoais. As técnicas referem-se ao conhecimento dos processos, dicas e "macetes" para a negociação, as interpessoais relacionam-se ao conhecimento humano dos negociadores, como o estilo pessoal, suas forças, fraquezas, necessidades, motivações, medos, autoridade e relação com o poder. Uma terceira habilidade fundamental é o conhecimento profundo do assunto da negociação, importante inclusive para se saber se a negociação foi boa ou não.

Os melhores negociadores definem previamente seus objetivos de resultados, estabelecem limites inferiores e superiores onde o acordo será possível, respeitam todos os envolvidos, fazem muitas perguntas, ouvem cuidadosamente, concentram-se no que desejam, mantêm-se sintonizados no processo e tentam descobrir o que a outra parte pretende conseguir. Para a negociação ser inteligente, é vital coletar informação para a elaboração de uma abordagem adequada e condução da própria negociação. Esse capítulo e o seguinte tratam desse assunto, para que você domine todos os aspectos relacionados ao tema.

16.1. ETAPAS DO PROCESSO DE NEGOCIÇÃO

O processo de negociação é composto por seis etapas que devem ser consideradas, como um passo a passo para se atingir os melhores resultados. Em alguns casos, você pode até suprimir uma ou outra etapa, caso perceba que a negociação está evoluindo rapidamente, mas é importante ter em mente que essas etapas ajudam na sistematização do processo e orientação para bons acordos.

16.1.1. Definição clara dos objetivos, "MAANA" e "ZOPA"

O primeiro passo no planejamento de cada negociação é determinar os objetivos de resultados, a MAANA e a ZOPA.

O que pretendo obter? Onde quero chegar? Quanto posso ceder? Quais alternativas considerar? Quem tem mais e menos poder? Qual é meu "plano B" caso não consiga chegar a um acordo na negociação?

Geralmente, há vários objetivos em discussão. É importante organizá--los por ordem de prioridade e determinar quais são os negociáveis e quais não entram sequer na discussão. Divida os seus objetivos por categorias:

- Objetivos ideais (referência para a definição da satisfação absoluta, ou 100%);

- Objetivos factíveis (referência para a definição do quanto poderá ceder, relacionado aos ideais, faixa geralmente entre 80% e 100% dos objetivos ideais);

- Objetivos mínimos (referência para a definição do máximo que poderá ceder, relacionado aos ideais, faixa geralmente entre 70% e 80% dos objetivos ideais).

Você também precisa definir a sua ZOPA, que é a "zona do possível acordo". Trata-se do intervalo de valores onde, considerando referências superiores e inferiores, você estaria disposto a fazer um acordo. Levante informações sobre negociações semelhantes, preços e condições de mercado, potenciais interesses do outro negociador e defina o Valor Referência Superior e o Valor Referência Inferior. Esses valores definem as extremidades da sua ZOPA.

Na compra de um imóvel, por exemplo, após pesquisar o mercado, preços de venda e compra de imóveis e resultados de negociações parecidas com a sua, você pode definir que como comprador pagará no máximo R$ 230 mil e que o vendedor possivelmente não fará um acordo abaixo de R$ 200 mil. Esses valores de referência determinam a sua zona de possível acordo: ZOPA entre R$ 200 mil e R$ 230 mil. Como comprador, você irá negociar para que o preço fique o mais próximo possível de R$ 200 mil, mas o vendedor fará o contrário...

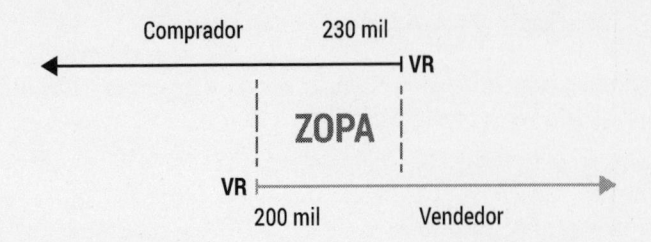

Você deve ainda preparar a sua MAANA ou Melhor Alternativa para um Acordo Negociado, também conhecida por BATNA (*Best Alternative To a Negotiated Agreement*). Consiste em avaliar todas as possíveis alternativas *à negociação e suas* consequências, como uma espécie de "plano B" caso o acordo não seja possível. A MAANA ou BATNA, em outras palavras, representa o melhor meio de atuação para atender as suas necessidades no caso de não se chegar a um acordo com a outra parte.

A MAANA representa um plano de apoio muito útil em todo tipo de negociação, mas é crucial quando o "não" prevalece sobre o "se" nas interações. Inspira confiança e oferece uma sensação de liberdade, pois você pode guardá-la sob a manga e apalpá-la quando as coisas começarem a ficar feias, porque sabe que, mesmo que a negociação não progrida, haverá uma alternativa. Com a liberdade de dizer não, pois você possui uma boa alternativa, é mais fácil chegar a um acordo satisfatório. Também funciona como *benchmark*, uma referência de excelência, pois em qualquer fase da negociação você pode se perguntar: o que é melhor, aceitar o acordo ou recorrer à MAANA?

16.1.2. Preparação

Depois de estipulados os objetivos de resultados, suponha os interesses e objetivos do outro, para evitar ser surpreendido por suas demandas. Coloque-se no lugar do outro e pense o que poderia querer na negociação.

> *No lugar do outro, o que desejaria como resultados? Quais seriam as minhas demandas? Quais seriam as imitações e emergências?*

Pesquise e organize as informações que fundamente a sua posição na reunião, prevendo possíveis impasses, como evitá-los e superá-los.

16.1.3. Abertura

Durante a negociação, é extremamente importante criar um ambiente favorável ao entendimento desde o início, reduzindo eventuais tensões. Vista-se adequadamente, escolha um ambiente físico confortável, capriche na luz se estiver em ambiente digital, evite assuntos polêmicos e negativos, sorria com discrição, tenha uma postura corporal tranquila e olhe nos olhos) de todos os presentes – contato visual demonstra segurança íntima.

Onde fazer a reunião com conforto? Minha roupa está adequada ao momento? Estou visualmente bem na câmera digital? Quais assuntos evitar? O que farei para lembrar de sorrir e inspirar confiança no interlocutor?

16.1.4. Exploração e aprofundamento

Evite o erro comum de iniciar a negociação nesta etapa, menosprezando as anteriores! O desenvolvimento dessa etapa será tanto melhor quanto mais empenho você tiver dado às etapas anteriores de planejamento. Para aprofundar é preciso compreender onde se quer chegar como resultados e quais faixas de negociação são viáveis.

Explore, aprofunde e compreenda as variáveis envolvidas na negociação, esclarecendo os pontos obscuros, pesquisando e criando alternativas de ganho mútuo.

Quais pontos estão incertos e precisam ser esclarecidos? Em quais aspectos é preciso aprofundar mais para termos segurança num provável acordo? Quais são as melhores alternativas? Até onde posso chegar para ficarmos suficientemente satisfeitos?

16.1.5. Acordo

Este momento requer muita sensibilidade e é o ápice da negociação. Evite a impaciência, gestos bruscos e a precipitação. Mantenha a cordialidade e foco nos resultados.

- Resuma o que ficou combinado, registrando tudo.
- Recapitule os benefícios mútuos, reforçando a percepção de "ganha-ganha".
- Verifique e esclareça qualquer dúvida ou mal-entendido.
- Formalize o compromisso, via meio digital ou papel assinado por todos, mesmo que seja um breve registro de intenções.

- Combine os próximos passos e defina o cronograma de trabalho, considerando as equipes envolvidas, interações e implementações necessárias.

16.1.6. Avaliação para aperfeiçoamento

Concluída a negociação e sozinho no seu ambiente de trabalho, analise friamente o quanto conseguiu atingir dos objetivos de resultados previamente traçados, destacando os pontos positivos e negativos, para identificação das causas e ações de melhorias. Rememore a negociação e procure identificar o que você manteria e o que mudaria.

O quanto consegui atingir considerando os resultados reais versus os planejados? O que preciso manter, porque funcionou bem? O que preciso mudar, porque não funcionou e para não cometer os mesmos erros nas futuras negociações? O que preciso aperfeiçoar relativo às minhas habilidades técnicas e interpessoais?

16.2. O NEGOCIADOR COMPLETO

A pessoa que pretende negociar com inteligência precisa se preparar técnica e comportamentalmente para adquirir o perfil necessário para os resultados buscados. Apenas disposição ou boa vontade não são suficientes, é preciso dominar os conhecimentos, habilidades e atitudes de um ótimo negociador e se esforçar nesse sentido. Abaixo são apresentadas as características para guiar o seu desenvolvimento:

- Distanciamento emocional: entendimento racional das interações.

- Saber ouvir com atenção: identificar interesses, perfil da outra parte, limites e barreiras envolvidos na negociação para facilitar e abordagem e decisão final.

- Comunicação assertiva: mensagens positivas, com autoconfiança e segurança na exposição. Saber expressar a opinião de forma clara, respeitando a opinião do outro e com um comportamento equilibrado capaz de inspirar segurança e confiança.

- Movimento corporal e gestual em harmonia com o processo de negociação.

- Atitude de respeito às diferenças, integridade, ética e justiça.

- Paciência e flexibilidade, mantendo-se o foco nos objetivos traçados.

- Capacidade de separar as pessoas dos problemas.
- Interpretação das diferenças como oportunidades de integração e não de desunião.
- Aperfeiçoamento contínuo.

Em qualquer processo de negociação, alguns erros são previsíveis e precisam ser evitados. Abaixo estão os mais comuns, para você ficar atento e evitá-los:

- Falta de planejamento com metas claras de objetivos e limites direcionadores.
- Negociação com as pessoas "erradas", incapazes ou sem poder para decidir.
- Insistência autoritária numa posição.
- Perda do controle emocional no decorrer das interações.
- Sentimento de impotência e "apagão mental" perante os argumentos apresentados pela outra parte.
- Afastamento das metas e limites estabelecidos.
- Elaboração da "abordagem certa" em momento tardio.
- Culpa pelos erros dos outros.
- Atenção demasiada a determinado detalhe e esquecimento do todo.
- Confusão entre "conflito produtivo", técnico e desejável, e "briga pessoal", amador e excessivamente emocional.
- Descumprimento dos prazos e promessas, provocando a perda da credibilidade.
- Desprezo pelas diferenças e lógica do outro negociador.
- Postura excessivamente defensiva ou combativa.
- Impaciência para ouvir, falando ao mesmo tempo que o outro.
- Insensibilidade para se colocar na posição do outro.
- Utilização de termos técnicos ou linguagem inacessível à outra parte.
- Demonstração de pouca importância aos resultados da negociação.

O quadro abaixo traz complementarmente um resumo das boas dicas para sua negociação inteligente: o que fazer e o que não fazer. Na sequência, são apresentados cinco estratégias e casos reais de negociação em situações extremas, aprendidos por militares no Afeganistão.

O QUE FAZER	O QUE NÃO FAZER
• Sente-se de frente para o interlocutor e sempre coloque as mãos abertas sobre a mesa.	• Evite colocar bolsas ou pastas no colo e esconder as mãos nos bolsos ou embaixo da mesa.
• Esforce-se para manter uma expressão facial tranquila e leve.	• Evite uma expressão facial excessivamente séria e fechada.
• Escute com atenção e faça contato visual.	• Evite olhar para os lados ou para cima.
• Deixe espaço suficiente para manobrar na negociação: entre 10% e 20%.	• Evite fazer grandes concessões no início das negociações. Comece pelas menores e peça reciprocidade.
• Se não concordar com a linha de raciocínio, manifeste-se imediatamente.	• Evite fazer ofertas inicias muito radicais, deixando espaço para adaptações e concessões.
• Faça propostas com condições: "se você fizesse isto, eu poderia fazer aquilo".	• Jamais diga "nunca".
• Tente descobrir qual é a posição da outra parte: "o que acharia se..."	• Evite responder imediatamente com "sim" ou "não". Reflita sempre.
• Seja flexível de forma a adaptar-se à situação e às reações do outro.	• Jamais ridicularize a outra parte, em qualquer assunto.
• Lembre-se que flexibilidade não é sinal de insegurança ou fraqueza, mas sim de inteligência e compreensão da situação.	• Evite falar se não tiver algo realmente relevante para dizer.
• Se durante as negociações forem ditas coisas "em off", mantenha-as "em off".	• Em hipótese alguma interrompa a outra parte. Deixe-a acabar de falar primeiro, antes de começar a expor a sua opinião.
• Trabalhe com uma agenda, para tornar a reunião mais eficiente.	• Evite fazer reuniões com mais de 2 horas sem intervalo.

16.3. NEGOCIÇÕES EXTREMAS: CASOS REAIS NO AFEGANISTÃO

Os soldados americanos no Afeganistão aprenderam muito sobre negociação e a arte de administrar situações de alto risco e complexidade. Em geral não é fácil "chegar ao sim", sobretudo com o ritmo da atividade empresarial e a estrutura das organizações de hoje. Presidentes, executivos e colaboradores correm contra o tempo, administrando assuntos complexos e de grande repercussão entre as áreas da empresa, relacionados a parcerias e alianças, fornecedores críticos, clientes, órgãos reguladores e autoridades.

Para a maioria dos envolvidos, a sensação é de estar constantemente em modo de negociação, tentando obter a aprovação para negócios de milhares ou milhões de reais, no curto e longo prazos, envolvendo gente que talvez tenha em suas mãos o futuro da empresa, dos líderes e até do próprio presidente. Para esses profissionais, negociar já não envolve meras transações, mas a adaptação a informações e circunstâncias em rápida evolução.

Todos os dias, ao redor do mundo, oficiais das forças armadas americanas enfrentam esse tipo de desafio nas patrulhas de zonas de tensão como Afeganistão e Oriente Médio, na tentativa de convencer líderes locais desconfiados a partilhar informações valiosas e, ao mesmo tempo, distinguir o amigo do inimigo, no equilíbrio da necessidade de proteger as tropas com a necessidade de obter apoio local para interesses regionais e globais.

Embora o contexto das organizações seja distinto do militar, líderes nas duas esferas enfrentam negociações nas quais ciladas são muitas e bons conselhos são escassos. São as chamadas "negociações extremas", pois, embora não sejam necessariamente destinadas a solucionar uma crise imediata de vida ou morte, os interesses em jogo colocam intensa pressão sobre os líderes.

Evidentemente, o perigo para um gestor empresarial que tenta chegar a um acordo com um fornecedor único, fechar um negócio de milhares de reais com uma empresa antes que suas ações na Bolsa de Valores caiam ainda mais ou renegociar preços com um cliente insatisfeito difere do de um soldado que tenta obter de moradores locais informações sobre a fonte do disparo de foguetes.

No entanto, a percepção do perigo leva líderes empresariais e militares a exibirem o mesmo tipo de comportamento: ambos se sentem pressionados a fazer rápido progresso, a projetar força e controle (sobretudo quando não têm nenhum), a apostar na coerção e não na colaboração, a oferecer recursos em troca de cooperação em vez de obter genuíno apoio e a fazer concessões unilaterais para mitigar possíveis ameaças.

Militares americanos em serviço no Afeganistão tentam manter sob controle essa pressão em meio a negociações perigosas travadas diariamente. Aprenderam no dia a dia, num processo de melhoria contínua, a resolver conflitos e influenciar outros indivíduos em situações nas quais o risco e incerteza são enormes. Os mais hábeis desses oficiais se valem de cinco estratégias altamente eficazes: (1) entender o quadro geral, (2) descobrir agendas ocultas e colaborar com o outro lado, (3) obter genuíno apoio, (4) estabelecer relações fundadas mais na confiança e menos no medo, (5) dar atenção ao processo e não só aos resultados desejados. Usadas de forma combinada, essas estratégias são a marca de quem é efetivo nas negociações especialmente extremas.

Comportamentos de negociação tendem a ser naturalmente arraigados e em geral reativos, pouco deliberados sobretudo em situações perigosas. Essas cinco estratégias podem ajudar o negociador de uma empresa a ter uma postura proativa e reagir com rapidez na negociação, reformulando suas ideias em antecipação ao acordo. Segue o detalhamento de cada uma delas e como foram implementadas pelos militares no Afeganistão, em situações reais.

16.3.1. Primeira Estratégia: entenda o quadro geral

Comece por ouvir o ponto de vista da outra pessoa ou do outro grupo. Use o que descobrir para aprimorar seus objetivos da negociação e formas de atingi-los.

Um negociador em situações extremas tenta agir depressa para reduzir o suposto grau de alto risco. É comum iniciar a discussão antes de ter avaliado plenamente a situação, reagindo a suposições e ao instinto, sem questionar as premissas assumidas. Dessa forma, tanto líderes empresariais como militares acabam negociando com base em informações incompletas ou incorretas, o que costuma levar a conflitos, impasses ou soluções que abordam apenas parte do problema ou da oportunidade. No entanto, geralmente o negociador tem mais tempo do que percebe para falar, pensar e reagir...

Quando um grupo de talibãs ateou fogo a um caminhão de suprimento afegão a pouco mais de três quilômetros de sua base de combate, o sargento Michael sabia que uma resposta imediata era necessária. Já que todas as unidades americanas estavam em patrulha, o sargento decidiu que seria uma boa oportunidade para a Polícia Nacional Afegã (PNA) resolver sozinha uma crise, pois há seis meses o pelotão de Michael fazia operações de treinamento e patrulha com a PNA.

O chefe da PNA, um afegão de 55 anos de idade com 30 anos de experiência na polícia, imediatamente se opôs. Tentou explicar que não achava possível uma missão sozinha e pediu apoio. "Meus homens não estão preparados", disse indiretamente culpando Michael pela situação. O sargento, que estava preso às suposições que fizera sobre o chefe da polícia e sua equipe, ignorou o pedido e respondeu que o que faltava a eles era coragem e compromisso com um trabalho difícil. Obviamente, o chefe se sentiu desrespeitado e ofendido. No final, despachou uma equipe mal aparelhada para investigar o incêndio, mas, como já era de se esperar, os homens voltaram com pouca informação.

O primeiro-tenente Dubay abordou uma negociação similar de um jeito bem distinto. Durante patrulha nas proximidades do povoado de Azrow, o pelotão de Dubay foi atacado. Os disparos partiam de dois imóveis a menos de 200 metros de distância. Após 45 minutos de combate, as forças anticoalizão fugiram para qalats (abrigos fortificados) ali perto e o pelotão entrou em modo de avaliação, buscando feridos entre civis.

Dubay e um esquadrão entraram no prédio de onde partira a maioria dos disparos, descobrindo 25 mulheres e crianças amontoadas num pequeno cômodo. Sem entrar no recinto, Dubay explicou, por meio de um intérprete, que alguém havia atirado contra o pelotão e que estava atrás de informações que pudessem ajudar a identificar os insurgentes que tinham estado no prédio. "Aqui não tem nenhum bandido, ninguém estava atirando em vocês", gritou uma mulher, com tremor e medo na voz.

Dubay precisava depressa de informações, poderia ter seguido o instinto e começado a fazer duras exigências, mas reconheceu o medo das mulheres e decidiu ir mais devagar. Colocou à prova a hipótese de que as mulheres estavam colaborando com o inimigo e resolveu mudar a abordagem, para obter as informações que precisava. Tirou os óculos escuros, pendurou a arma no ombro e se postou, agachado, logo na saída do cômodo. Garantiu às mulheres que sua casa agora estava protegida tanto por forças afegãs como americanas e disse que só queria entender por que estavam todas amontoadas ali naquela sala.

Por 15 ou 20 minutos falou em voz calma, reconhecendo o pavor de todas por terem sido pegas no meio do fogo cruzado. A certa altura, uma mulher veio à frente e contou que um grupo de homens tinha juntado todas elas ali dentro e, em seguida, assumido posições. Dubay agradeceu prontamente e outra mulher falou que os homens não eram afegãos, pareciam combatentes estrangeiros.

Outras três ou quatro deram mais detalhes, Dubay registrou tudo e aprimorou sua meta: além de colher as informações de que precisava sobre essa situação em particular, estabeleceria uma relação contínua com o grupo de mulheres para obter mais informações no futuro. Deu a elas um cartão com o telefone da central militar no distrito, prometeu voltar para ver como estavam dali a dois dias, quando o pelotão novamente estaria em patrulha no vilarejo e pediu que, assim que soubessem de algo, lhe repassassem a informação. Estabeleceu um respeito mútuo com os moradores do povoado, relação que rendeu frutos nos meses que se seguiram.

16.3.2. Segunda Estratégia: Informe-se e colabore

Descubra o que motiva e o que preocupa a outra parte, proponha várias soluções e peça a quem está do outro lado ideias para melhorá-las. Além de colocar pressão para que aja depressa, uma situação extrema naturalmente faz com que a pessoa queira parecer mais forte do que provavelmente é, tendendo a assumir posições radicais e fazer duras exigências. Infelizmente, quase sempre isso provoca ou exacerba a resistência do outro lado, o diálogo se torna hostil e o risco é que as duas partes cheguem a um impasse.

Caso interessante é o do capitão Caldwell, que recebeu a informação de que os soldados de sua companhia tinham infligido baixas ao inimigo. Caldwell sabia que só havia um centro médico afegão na área equipado para tratar os feridos e, para afirmar o controle de sua companhia na região, foi ao hospital falar com um médico que era, notoriamente, simpatizante do Talibã. Como não deixaram que entrasse, Caldwell abriu caminho à força, achou indícios de que combatentes inimigos estavam sendo tratados ali e deteve o médico para interrogatório.

Quando se inteiraram da atitude de Caldwell, os anciãos da aldeia fizeram uma visita nada cordial ao capitão, que se defendeu dizendo que no futuro agiria de outra forma, mas só se a população começasse a ajudar, em vez de atrapalhar. Os anciãos responderam que os moradores dali só iriam cooperar quando tivessem um incentivo, ou seja, quando fossem tratados com respeito e houvesse um grande reforço nos fundos de reconstrução. Caldwell disse que, se quisessem algo dele, teriam de dar informações sobre os feridos no hospital, imposição que enfureceu os anciãos e tirou a negociação dos trilhos.

Um hábil negociador em situação extrema busca fazer da negociação a resolução de um problema a quatro mãos, não uma queda de braço... Veja o que fez o capitão Williams, comandante de uma bateria de artilharia em Ghazni, ao ser informado que seus soldados tinham visto a colocação de um dispositivo explosivo improvisado (DEI) perto de uma estrada.

Ele instruiu seus subordinados a não usar a força, deviam monitorar o local e identificar quem estava plantando os explosivos, para mais tarde removerem e detonarem os dispositivos num ambiente controlado. De posse dessa informação, Williams foi à aldeia onde viviam os envolvidos, reuniu os anciãos e disse que queria que os moradores dali deixassem de implantar DEIs na área. Os anciãos disseram que, em troca de dinheiro, se certificariam de que a ordem fosse acatada pelos habitantes.

Mesmo com toda a pressão de tempo e segurança que estava sentindo, Williams teve a tentação de perguntar "quanto?", mas em vez disso indagou "por quê?", explicando que não podia oferecer nada se não soubesse o que pretendiam fazer. No final, os anciãos lhe disseram que teriam de pagar para obter informações sobre os responsáveis por plantar os explosivos e, obviamente, não havia dinheiro sobrando. Também queriam dar parte do dinheiro à aldeia, para manter seu prestígio e provar que não eram meros informantes.

Williams pensou e fez uma contraproposta: seus homens fariam o trabalho de identificar os culpados e aos anciãos caberia levá-los ao posto de combate americano mais próximo. Na tentativa de fazer os anciãos se abrirem e envolvê-los como parceiros, o capitão perguntou: "Há algo de errado com essa ideia?". Para sua surpresa, eles gostaram do plano, no entanto receava que os capturados não fossem extremistas, mas gente querendo ganhar alguma vantagem para sustentar a família.

Williams disse que se os anciãos levassem os envolvidos ao posto de combate para que os americanos inserissem o nome de cada um num banco de dados, poderiam levá-los de volta à aldeia e acrescentou que isso aumentaria seu prestígio junto aos moradores, pois estariam lidando eles mesmos com a situação. Os anciãos concordaram e dois dias depois chegaram com os procurados, cujos nomes foram cadastrados, advertidos sobre ações futuras e autorizados a voltar à aldeia e à família.

Em pouco tempo, um número recorde de esconderijos de armas estava sendo revelado, moradores avisavam soldados em patrulha sobre DEIs no caminho e davam voluntariamente informações sobre locais de uso de morteiros.

16.3.3. Terceira Estratégia: obtenha apoio de verdade

Use fatos concretos e o princípio da justiça, e não a força bruta, para convencer o outro ajudando-o a defender suas decisões de eventuais ataques e abrindo precedentes úteis para futuras negociações. O perigo muitas vezes leva o negociador a jogar duro e usar a coerção para fazer acordos, mas em geral isso produz ressentimentos e conflitos futuros, tornando negociações posteriores muito mais difíceis. Naturalmente, uma aquisição hostil não é o mesmo que um confronto armado, porém os termos apresentados podem ser igualmente duros ou chocantes.

A primeira missão da capitã Lauers no Afeganistão parecia simples: capturar ou matar Wahid Salat, um líder talibã refugiado num vilarejo ali perto. Ela sentia enorme pressão para levar e trazer de volta, com segurança, seus 130 soldados, em especial porque o principal desafio seria obter a ajuda do chefe de polícia local e do ancião do povoado para cercar o prédio onde estava Salat.

Quando Lauers pediu ao chefe de polícia que prendesse Salat, ouviu um não! "Precisamos agir nesse instante", disse Lauers ao policial, "Sem sua ajuda, não posso me responsabilizar pelas consequências", mas o chefe de polícia ficou calado. Lauers então mandou o pelotão isolar o prédio e, em meio aos disparos, viu o ancião da aldeia atravessando a rua em sua direção, nitidamente revoltado e confuso. Enquanto o velho gritava, o líder do pelotão informou pelo rádio que o suspeito e três guarda-costas tinham sido mortos.

O ancião quis saber por que os soldados tinham entrado no vilarejo e começado a atirar sem qualquer apoio da polícia ou consulta a ele. Ela explicou que não teve outra escolha uma vez que o chefe de polícia se recusara a cooperar, mas o ancião ignorou a explicação e imediatamente jogou a culpa em Lauers, exigindo dinheiro pelo estrago. A capitã respondeu que o Talibã era responsável pelos danos e o ancião deveria pedir indenização a eles, retirando-se logo depois para ver como estavam seus homens.

Nos 11 meses seguintes, aquela aldeia seguiu sendo um problema para o exército americano. Da vizinhança partiam ataques regulares com morteiros, sempre que um oficial pedia informações tinha que pagar em dinheiro ou mantimentos e, ainda assim, era comum receber nomes, lugares ou datas incorretas. Realmente o uso da ameaça e da força tem seu lugar, sobretudo em certas situações militares, mas nesse caso a estratégia de negociação de Lauers comprometera seus objetivos de curto e longo prazos.

Um bom negociador em situações extremas reconhece que quase sempre será mais fácil conseguir o que quer se contar com o apoio de verdade da outra parte. Ao chegar ao Afeganistão, o capitão Chang descobriu que oficiais do Exército Nacional Afegão (ENA) regularmente recorriam a ameaças, sobretudo em situações perigosas ou complexas, para fazer a população local mudar de comportamento.

Chang sabia o suficiente sobre a cultura afegã e o Corão para entender o valor que a população local dava a um tratamento respeitoso. Decidiu que, se pudesse mudar a maneira como seus soldados interagiam com o ENA, poderia influenciar a forma como lidava com a população. Chamou os soldados do ENA para morar na base americana e as duas unidades começaram a comer, treinar, planejar, patrulhar e descansar juntas, desenvolvendo uma verdadeira parceria. Um mês depois, o ENA estava atuando como defensor da missão liderada pelos americanos, explicando aos anciãos da aldeia que estavam ali a convite numa operação para ajudar a população a pedido do governo afegão e reforçando a importância cultural da hospitalidade no país.

Quando mais tarde a violência eclodiu na área, o precedente estava aberto. Em vez de fazer ameaças, o capitão Chang e seu equivalente no ENA pediram sugestões aos anciãos da aldeia para trazer maior segurança ao vale, buscando saber quais justificativas esses cidadãos precisavam para defender qualquer pacto feito pelas forças dos EUA e do ENA. Os anciãos expressaram contrariedade com várias operações das forças da coalizão: batidas em residências, detenção de gente na calada da noite, revista aleatória de veículos, falaram do medo de ir à caça ou deixar animais pastar nas montanhas, onde forças americanas faziam missões de artilharia.

Qualquer acordo para a redução da violência, sugeriram, teria de demonstrar respeito pelas liberdades pessoais, pelas leis locais e parecer uma solução do ENA e não dos EUA. Chang e o capitão no ENA elaboraram um pacto que os anciões pudessem defender perante a população, a situação se acalmou e o alistamento de combatentes pelo Talibã caiu drasticamente.

16.3.4. Quarta Estratégia: primeiro conquiste confiança

Lide de frente com problemas de relacionamento, assuma compromissos graduais para fomentar a confiança e a cooperação. Quando há muito em jogo e o risco é altíssimo, a tentação dos líderes empresariais é tomar o caminho fácil e rápido: oferecer recursos em troca de ajuda, pois uma situação perigosa não deixa tempo para que se estabeleça uma boa relação de trabalho ou para que se corrija o que a estiver impedindo.

No entanto, fazer concessões substantivas quase sempre abre caminho para a extorsão, o desrespeito ou desprezo.

Oficiais das forças armadas às vezes caem no erro da concessão, como demonstrado no caso a seguir. Farrukh era afegão, fundou uma escola para meninas nas cercanias de Baraki e era constantemente incomodado pela liderança local do Talibã. Oficiais da inteligência americana descobriram que um insurgente conhecido ligara para seu celular, por isso confiscaram o aparelho e descobriram que recebera chamadas de vários outros líderes do Talibã. Farrukh foi preso e ficou 12 meses num centro de detenção à espera de uma audiência, quando finalmente foi levado a um tribunal e eximido de culpa. Durante esse tempo, no entanto, a escola fora fechada, sua reputação fora seriamente manchada e Farrukh passara por um sofrimento físico considerável, demandando algum tipo de compensação.

O oficial do Exército a cargo do caso ofereceu uma soma em dinheiro como ressarcimento pelo tempo em que esteve preso, mas Farrukh queria mais: explicação para sua prisão e detenção e adoção de procedimentos que pudessem impedir equívocos similares no futuro. O oficial simplesmente ofereceu mais dinheiro por danos físicos e morais e encerrou a conversa, sem um adequado pedido de desculpas. Farrukh, que era um líder no povoado e tinha um longo histórico de cooperação com forças de paz ocidentais, recebeu US$ 12 mil, mas jurou nunca mais confiar num americano. Para piorar, ao contar sua história aos outros, estimulava o crescimento da desconfiança, tornando difícil para os oficiais americanos obterem qualquer tipo de informação útil ou cooperação ativa dos moradores da aldeia.

Um hábil negociador em situações extremas nunca faz concessões arbitrárias para comprar apoio, em vez disso vai ganhando confiança ao longo do tempo com compromissos incrementais e recíprocos, como fez o capitão Davis. Destacado para a província de Khost com a missão de resolver "rápida e definitivamente" várias disputas de longa data com líderes locais, em apenas uma semana Davis se dirigiu ao vilarejo no qual o cidadão Haji Ullah era dono de um posto de gasolina lucrativo, mas o negócio praticamente morrera dois anos antes quando forças americanas fecharam a estrada para proteger uma nova pista de pouso, impedindo o acesso ao posto de gasolina. Durante dois anos, vários oficiais do Exército tinham prometido a Ullah tanto uma indenização quanto ajuda para achar seu irmão, que ele suspeitava ter sido raptado por forças talibãs.

Como nenhuma promessa fora honrada, Ullah recebeu Davis com desdém, ironia e pediu mais dinheiro. Davis resistiu à tentação de resolver o caso com dinheiro, pois sabia que na essência o problema era de relacionamento, e decidiu fazer várias visitas a Ullah para ouvir seus relatos inflamados e fazer perguntas, mas sem oferecer qualquer compensação. Após algum tempo, disse que analisaria a questão e voltaria dentro de três dias.

Os dois homens sentaram-se para um chá três dias depois, o capitão se desculpou por tudo o que Ullah passara e lhe repassou as informações que apurara. Pediu ajuda para achar um jeito de reparar o relacionamento e, em última instância, reconquistar também a confiança dos outros líderes locais. Os dois discutiram maneiras de obter informações sobre o irmão de Ullah, de melhorar a comunicação entre as forças americanas e moradores e deixar a população mais segura. Só então Davis voltou à questão da indenização, dando sua estimativa do prejuízo sofrido por Ullah com base em parâmetros locais, um cálculo relativamente simples, mas que ninguém se dera ao trabalho de fazê-lo... Ullah estimou os números e em minutos aceitava a soma que considerou justa, uma pequena fração do que exigira inicialmente.

16.3.5. Quinta Estratégia: atente para o processo

Mude conscientemente o jogo evitando reagir àquilo que o outro lado faz, tomando medidas para definir o processo de negociação e seu resultado. Em negociações que julgam perigosas, líderes naturalmente buscam evitar danos a si e sua equipe, fator que somado à necessidade de agir com rapidez gera uma enorme pressão para que cedam em aspectos críticos. O acordo resultante pode provocar uma exposição ao risco que vai muito além da ameaça imediata.

Na base avançada de operações em que estava estacionado, o primeiro-tenente Frye e seu pelotão vinham sendo atacados por foguetes havia oito dias, mais ou menos na mesma hora do dia. No nono dia, durante uma patrulha, Frye recebeu a notícia de que rebeldes preparavam outro ataque à base e que o grupo deveria investigar a região de onde tinham partido os disparos anteriores. Era forte a pressão sobre o tenente para determinar rapidamente a localização, a descrição e a disposição atuais do inimigo, em especial porque um dos últimos foguetes lançados caíra a menos de 400 metros de sua barraca.

Ao chegar à zona em questão, Frye foi pedir informação aos anciãos e quis saber o que exigiriam para lhe entregar o nome dos insurgentes. Como seria de esperar, exigiram muita comida, água e roupas. Frye prometeu entregar a ajuda humanitária, mas quando pediu informações em troca os anciãos disseram não saber nada sobre os insurgentes, deixando-o ansioso para proteger seus homens e favorável a oferecer mais coisas: fundos de emergência e a ajuda de seus soldados na escavação de um poço. Novamente eles aceitaram, mas de novo ficaram mudos.

Ao perceber que estava sendo enganado, o primeiro-tenente disse que só cumpriria o prometido se recebesse informações, atitude que fez os anciãos se revoltarem ao perceber que ele voltava atrás na palavra dada e sugeriram que Frye e seus homens tivessem muito cuidado no regresso à base. Sentindo-se ameaçado e inquieto, resolveu cumprir seu lado do trato e disse esperar um pouco mais de cooperação da próxima vez, encerrando o esforço sem a informação que precisava e sem um bom relacionamento com esses indivíduos. Mais tarde, foi informado que o inimigo monitorara os americanos durante toda a visita à aldeia, ou seja, o tenente expusera o pelotão a um perigo muito maior do que poderia imaginar.

O erro de Frye foi achar que tinha apenas duas alternativas: dizer não às exigências dos líderes locais, expondo permanentemente ele e seus homens a um grande perigo, ou simplesmente fazer o que pediam e esperar pelo melhor. No entanto, o tenente devia ter posto de lado as questões imediatamente demandadas pela outra parte, analisado a tática dos anciãos e pensado num jeito de reverter a seu favor o processo de negociação.

Outro primeiro-tenente, chamado Gardner, fazia a primeira patrulha em Kunduz e estava conduzindo seu pelotão por um mercado quando foi abordado por cinco homens. O grupo, que representava produtores de maçã na cooperativa agrícola local, estava revoltado com a decisão de uma unidade americana anterior que entregara milhões de dólares ao distrito para comprar terras para a expansão de uma base de operações avançadas. Mas a pessoa a quem o subgovernador do distrito pagara não era a proprietária legal das terras e os homens exigiam que eles e outros agricultores fossem indenizados imediatamente. Uma multidão se formou, o grupo começou a fazer ameaças e passou a exigir ainda mais em compensação, tentando envolver membros do esquadrão de Gardner na negociação: ora dirigiam suas exigências em tom inflamado a um, ora tratavam com extrema cortesia a outro.

Gardner reconheceu a estratégia do "dividir para conquistar", decidindo não reagir e não transigir, pois estaria premiando um comportamento de negociação ao qual não queria se associar. Tratou de mudar a natureza da conversa, sentou-se, saudou os homens em sua língua local, tirou o capacete, baixou o rifle, ouviu atentamente, falou devagar e em tom tranquilo. Não demorou para que a linguagem corporal dos agricultores mudasse e a gritaria cessasse, com todos se esforçando para ouvi-lo. O tenente começou a fazer perguntas de um jeito respeitoso, sem insistir em seu ponto de vista, e que ao mesmo tempo impunha respeito.

Assumiu a postura natural de um juiz, alguém que buscava determinar com imparcialidade o curso apropriado de ação e tinha autoridade para tal. Quis saber qual a natureza dos acordos comerciais entre eles, o que plantavam, quem representavam, que impacto direto a venda das terras tivera sobre eles, descobrindo inclusive que a base da economia local era o cultivo de maçã.

Os homens não se opunham à venda das terras, mas queriam ser reconhecidos como legítimos donos da propriedade em questão. Gardner começou a propor possíveis soluções, perguntou se tinham formalmente apresentado queixas ao subgovernador da província ou ao conselho do subdistrito, ao que o grupo respondeu que não porque não confiavam no subgovernador e achavam o conselho ineficaz. Gardner escutava com paciência, mesmo ao ouvir novas exigências agora convertidas em pedidos de assistência, mas não dava respostas definitivas.

Começou a perceber que a cooperativa representava uma forma de governo civil estável, havendo ali uma oportunidade para fortalecer práticas e instituições democráticas. Explicou aos homens que, assim que a questão fosse formalmente submetida ao subgovernador, os americanos teriam mais poder para ajudar. No final, os agricultores aceitaram fazer o que ele sugeria, sobretudo se o tenente continuasse a aconselhar o grupo, algo que Gardner aceitou com satisfação. O que começara como uma situação imprevista e tensa, caracterizada por um comportamento agressivo, terminou em horas de diálogo, um convite para o almoço e a revelação daquilo que os agricultores sabiam sobre a atividade insurgente na área.

A lição mais importante que o negociador em situações extremas tem a dar a empresários e especialistas é a seguinte: justamente no contexto em que a pessoa se sente mais pressionada a agir depressa e a demarcar uma posição firme, é melhor não fazer nem uma coisa nem outra. O jeito mais eficaz de afirmar seu controle e poder é reduzir o ritmo da negociação, conduzir o outro lado para um diálogo construtivo e demonstrar genuíno interesse pelo ponto de vista dos demais. Isso não é enrolar e sim ser proativamente estratégico em vez de reativo, pensando vários lances à frente sobre como suas atitudes podem ser interpretadas, fazendo escolhas táticas que provoquem respostas construtivas e contribuam para seus verdadeiros objetivos.

Lembre-se que os resultados virão como consequência natural de sua disciplina e consciência ao utilizar as diretrizes apresentadas nesse capítulo, roteiro capaz de torná-lo um excelente negociador mesmo em condições extremas. O próximo capítulo aborda, adicionalmente, as técnicas avançadas de persuasão, neurociência, psicologia social e economia comportamental para você dominar o tema e praticar com máxima efetividade (eficiência + eficácia) tanto em situações profissionais quanto pessoais.

17. NEGOCIAÇÃO E PERSUASÃO AVANÇADAS: INFLUENCIE PODEROSAMENTE PARA DOBRAR SEUS RESULTADOS

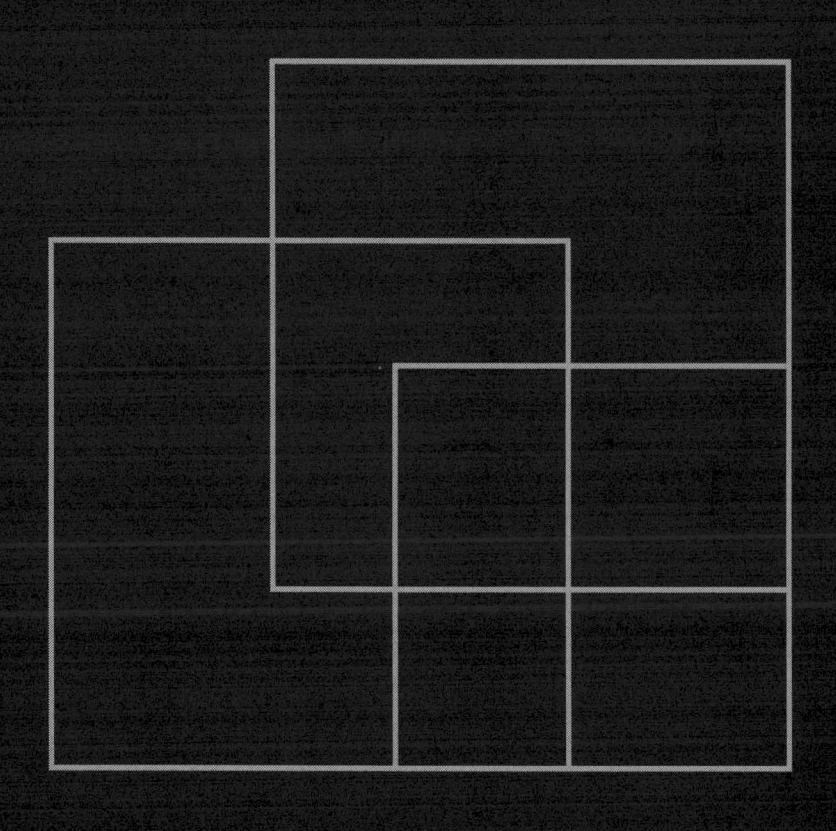

No livro "Dobre Suas Receitas e Fortaleça Sua Reputação: estratégia, vendas, marketing e persuasão", foram apresentadas as técnicas mais avançadas da neurociência, psicologia social e economia comportamental para influenciar e convencer as pessoas nas negociações profissionais e empresariais. Retomo o tema nesse livro porque é fundamental você dominar e aplicar esse conhecimento no dia a dia profissional e pessoal, pois negociamos tudo o tempo todo com todo mundo, envolvendo funcionários, gestores, clientes, fornecedores, amigos, filhos, maridos, esposas, adversários etc.

O primeiro passo, no entanto, para a prática dessas técnicas avançadas é compreender os oito tipos mais comuns de seres humanos, de acordo com o perfil preponderante da personalidade. Mas atenção, em razão de circunstâncias específicas e impactantes como crises econômicas, problemas familiares, saúde abalada ou piora nos negócios, as pessoas tipicamente de um perfil podem apresentar-se momentaneamente em outro perfil dominante, exigindo a sua permanente atenção, inteligência e sensibilidade para conseguir identificar e saber como agir...

17.1. OS "8 TIPOS MAIS COMUNS" DE SERES-HUMANOS

Com base nos estudos mais recentes, bem como na experiência prática, pode-se classificar as pessoas em 8 categorias principais, de acordo com o perfil preponderante da personalidade, aplicando-se ao meio empresarial e profissional. Segue um roteiro objetivo:

17.1.1. O tipo *"Raciocínio Lento"*

- Quer sempre pormenores.
- Vai aos mínimos detalhes.
- É meticuloso e ordenado.
- Demonstra dificuldade em associar elementos.
- Entende a piada cinco minutos depois que foi contada.
- Pergunta sobre assuntos que já foram explicados no início da reunião ou interação.

Como negociar e lidar:

- Use associações de ideias claras e sucintas, para não confundi-lo ainda mais...

- Fale de forma clara e simples.

- Acompanhe sua capacidade de absorção.

- Mantenha a atenção e a paciência.

- Explore todos os seus sentidos na transmissão de uma ideia.

- Use exemplos fáceis, para ilustrar a comunicação.

- Convença-o com provas, documentos e declarações de outras pessoas.

- Não o force, aceite o seu ritmo, dê-lhe o tempo que precisar.

- Fale devagar e olhando-o nos olhos.

17.1.2. O tipo *"Bem-Humorado e Amigão"*

- É mestre em desviar o negociador ou interlocutor do assunto principal.

- Geralmente é simples, sem afetação.

- É muito simpático e bonachão.

- Aprecia uma conversa agradável.

- Gosta de falar sobre amenidades e questões pessoais.

Como negociar e lidar:

- Conduza o diálogo e mantenha-o focado.

- Seja igualmente simples, simpático e bem-humorado, sem exageros.

- Procure sempre retornar ao assunto principal.

- Aja com naturalidade, sem demonstrar impaciência ou frustração.

- Não se iluda, pois ele não é uma "negociação fácil". Essa forma de agir como "amigão" geralmente enfraquece o foco do interlocutor, e ele sabe disso...

17.1.3. O tipo *"Importante e Presunçoso"*

- É dotado de terrível superestima, diferentemente de autoestima.

- Geralmente é vaidoso e "pomposo".

- Pressiona o interlocutor com argumentos e exemplos fúteis.
- Não aceita opiniões alheias.
- Procura desprezar as primeiras ofertas de acordo ou venda.
- Quer e precisa sentir que está dominando.
- Deseja a sensação de poder.
- Considera-se o "sabe tudo"...

Como negociar e lidar:

- Dê valor às suas vaidades, para massagear o seu ego.
- Não o tema nem o evite.
- Não o menospreze, pois seria a pior coisa para ele, irritando-o profundamente.
- Reconheça o seu prestígio, sem ser bajulador.
- Seja objetivo e meça as palavras, para não parecer uma disputa ou confronto.
- Cause a impressão que a boa ideia e decisão partiu dele.
- Use as ideias e linhas de raciocínio dele para eliminar as argumentações fúteis.
- Apresente sugestões e não conclusões, fazendo-o se sentir dominante.
- Respeite-o em sua pretensa dignidade e superioridade...

17.1.4. O tipo *"Descuidado e Confuso"*

- Faz seus pedidos e pede reuniões às pressas.
- Às vezes anula os pedidos e reuniões em seguida.
- Costuma fazer reclamações depois, sem causa aparente.
- Demonstra incoerência, desorganização e insegurança.
- Volta atrás, de supetão.
- Faz considerações confusas e fora de contexto.

Como negociar e lidar:

- Tome cuidado sempre, medindo bem as palavras e atitudes.

- Ajude-o a se organizar, sem torná-lo excessivamente dependente de você.

- Desconfie dele, pois ele pode voltar atrás.

- Procure ter certeza sobre o que combinaram, confirmando o acordo ou pedido.

- Registre por escrito o combinado, com todos os detalhes.

17.1.5. O tipo *"Desconfiado e Curioso"*

- É desconfiado, demonstrando não acreditar a princípio.

- Gosta de debater e raciocinar.

- É firme e está sempre com o pé atrás.

- Suspeita de tudo, esperando que o pior aconteça.

- Faz muitas perguntas, às vezes fora do contexto.

- Quer saber tudo e os porquês.

Como negociar e lidar:

- Transmita-lhe confiança, olhando-o nos olhos, com tom de voz e com atitude firme.

- Incentive-o a se expressar.

- Seja firme, não hesite nem titubeie.

- Forneça-lhe detalhes lógicos, dentro do contexto da interação.

- Demonstre segurança ao expor seus argumentos, citando casos e dados reais.

- Faça afirmações que possam ser provadas naquele momento, caso ele peça.

- Procure não dar muitas oportunidades para perguntas fora do propósito da interação.

17.1.6. O tipo *"Bem preparado e Inteligente"*

- É bem informado e dedicado.

- Sabe o que diz, pois estuda e se prepara previamente.

- Não é facilmente influenciável.
- Detesta argumentos fracos e "achismos".
- Aprecia fatos, dados e evidências.
- Tem muita confiança em si próprio, pois dedica-se ao auto aprimoramento.
- É altivo e equilibrado, sem ser arrogante pois escuta as pessoas.

Como negociar e lidar:

- Demonstre conhecimento, sem irritá-lo como se fosse uma disputa.
- Deixe-o à vontade, ouvindo-o com atenção.
- Seja firme, demonstre autoconfiança. Busque o diálogo e não o duelo...
- Apresente fatos, dados e evidências, não opiniões pessoais ou "achismos".
- Faça-o sentir que é o primeiro a receber as informações relevantes.
- Não esconda informações, mesmo que elas não sejam boas.
- Use a razão, o juízo, o critério, o bom senso, a lógica.

17.1.7.   O tipo *"Tímido e Calado"*

- Busca conselhos e opiniões.
- Geralmente não demonstra o que pensa.
- Deixa às vezes o interlocutor falando sozinho.
- Gosta de falar pouco ou por monossílabas.
- Tem medo de tomar decisões sozinho.
- Demora a responder aos argumentos do interlocutor.
- Não demonstra se impressionar com as vantagens do acordo, da venda ou negociação.

Como negociar e lidar:

- Transmita-lhe confiança, olhando nos olhos e falando de forma assertiva.
- Aconselhe-o quando identificar abertura para opinar.
- Seja breve e argumente de forma sensata.

- Não o pressione, respeite o tempo dele.

- Faça-o demonstrar o que realmente quer, mantendo um semblante amigável e tranquilo.

- Transmita-lhe segurança e coragem para decidir.

- Force um diálogo através de perguntas que exijam respostas.

- Aproveite as oportunidades em que ele demonstrou um ponto de vista.

17.1.8. O tipo *"Briguento e Irritado"*

- É nervoso e impaciente, demonstrando isso sem constrangimento.

- Gosta de brigar e discordar, sem causa aparente.

- Discute por qualquer coisa.

- Não hesita em expor opiniões, de forma brusca.

- Tem "pavio curto".

- Costuma ofender, considerando questões pessoais e fora do contexto.

- Critica o acordo proposto, o produto, a empresa, o vendedor, o negociador, a concorrência, o governo, a sociedade e quem lembrar no momento...

Como negociar e lidar:

- Evite a postura de discussão áspera e atritos.

- Saiba ouvi-lo, com calma.

- Direcione-o para o bom senso, demonstrando os pontos comuns de interesse e resultados.

- Jamais use o mesmo tom agressivo de voz dele.

- Não use nunca a "técnica do espelhamento", pois espelhar desarmonia reforça o caos.

- Mantenha-se calmo e cordial, usando um tom de voz normal.

- Use as suas próprias ideias para convencê-lo e apaziguá-lo.

- Procure criar um clima amistoso e "desarmado".

- Seja paciente e tolerante.

Espero que esse roteiro objetivo o ajude a identificar e saber lidar com as pessoas com as quais você precise pleitear, argumentar, convencer ou negociar algo. Compreender que cada ser humano é um indivíduo único, com portas e janelas distintas para o mundo, é um grande passo na direção de saber entende-lo, aborda-lo e acessa-lo adequadamente para construírem juntos grandes resultados.

17.2. A CIÊNCIA E O PODER DA PERSUASÃO: INFLUENCIAÇÃO PODEROSA PARA RESULTADOS PODEROSOS

Richard Thaler, economista norte-americano que recebeu o prêmio Nobel de Economia em 2017, foi um dos primeiros estudiosos a unir a economia à psicologia. Ele demonstrou algo aparentemente óbvio: os seres humanos não são sempre racionais e suas escolhas são em grande parte baseadas em questões subjetivas, emocionais e culturais, fatores que influenciam as decisões de modo mais forte que a racionalidade. Essa linha de pesquisa conhecida como economia comportamental, complementada pela psicologia social, neurociência e neurolinguística, humanizou a economia e aprofundou o conhecimento sobre como a mente humana interpreta a realidade e toma decisões.

O comportamento das pessoas afeta os movimentos na economia e negócios, que não poderiam ser previstos ou explicados pelas teorias econômicas meramente racionais. Esses estudos, reforçados pela realidade prática, explicam por que as pessoas priorizam o consumo no presente em vez de economizar para a aposentadoria, demonstrando que é muito mais próximo e perceptível o prazer presente em comparação ao prazer futuro. As pessoas fazem uma contabilidade mental e tendem a dar peso maior para o presente e peso menor ao futuro, sendo mais difícil abrir mão de um benefício presente (o prazer do consumo) do que de um benefício futuro (a boa aposentadoria), ainda que racionalmente saibam que devam poupar...

Essa perspectiva explica também o movimento manada nos mercados financeiros: quando o mercado está em alta, mais pessoas decidem investir em ações, quando está em baixa, mais pessoas vendem suas ações. Não é racional pensar que, como os preços das ações estão subindo recentemente, continuarão a subir indefinidamente, mesmo assim esse é um fenômeno recorrente. Outro exemplo: no basquete, quando um jogador faz muitas cestas seguidas, as pessoas acham que ele vai continuar acertando, esperando que o que está acontecendo no presente vai continuar a acontecer no futuro. Quando estão ganhando num jogo de cassino, acreditam que continuarão ganhando permanentemente e assim continuam apostando, geralmente perdendo no decorrer das outras jogadas o que ganharam nas apostas anteriores.

A economia comportamental combinada com a psicologia social, neurociência e neurolinguística possibilitaram a compreensão sobre como o ser humano pensa e age, como pode ser influenciado e até mesmo manipulado, com base não apenas em suas interpretações individuais mas também num sofisticado mecanismo de "automatismo mental", desenvolvido ao longo de milênios de evolução. Ações que até então eram consideradas racionalmente incoerentes, passam a fazer sentido quando analisadas sob a força das emoções. Saber influenciar esse automatismo emocional e provocar decisões a seu favor, de forma consciente e inteligente, pode ser a diferença entre o sucesso ou fracasso dos seus esforços.

Testei as recomendações desses estudos e evidências científicas por anos a fio, todos sérios e fundamentados, nos meus próprios negócios, nos negócios dos meus clientes e alunos das pós-graduações, de modo que posso garantir que a maioria funciona e traz ótimos resultados se aplicados corretamente. Constantemente faço palestras, workshops e consultorias sobre esse tema para muitas organizações, de distintos portes e setores, com excelentes retornos. Tenho recebido vários e-mails agradecendo essas dicas e comprovando o aumento do sucesso nas negociações e resultados, com o índice de sucesso no fechamento das vendas e negociações às vezes dobrando em menos de 6 meses – com o mesmo esforço e equipe, faz-se o dobro dos resultados!

A seguir, apresento os principais tópicos sobre o tema e várias recomendações práticas. Inicialmente você precisa entender que a persuasão é a capacidade de influenciar e convencer alguém a acreditar ou estar favorável a determinada ideia, consciente ou inconscientemente. Gera comportamentos, consentimentos e pensamentos favoráveis a uma decisão, direção ou contexto específico. Não se trata de intuição ou "esoterismo" e sim de algo comprovado cientificamente por mais de 2.000 estudos conduzidos por décadas especialmente nos Estados Unidos e Europa, endossados por pesquisas psicológicas e comportamentais, inúmeras estatísticas controladas e fortes evidências empíricas.

Vamos à essência da coisa: a mente humana é composta por dois sistemas.

Sistema 1: Intuitivo e emocional. Relacionado ao automatismo rápido.

Sistema 2: Racional e pragmático. Relacionado ao acionamento voluntário.

Ambos os sistemas se apoiam mutuamente, trocando milhares de informações o tempo todo. O Sistema 1 (intuitivo e emocional) envia percepções e padrões de análise intuitiva ao Sistema 2 (raciona e pragmático), que por sua vez elabora e busca mais informações para formar um entendimento e decisão. Na ausência de informações complementares, o Sistema 2 acata o entendimento e decisões orientadas pelo Sistema 1, de modo que o sistema relacionado à intuição e emoção na maioria das vezes influencia mais o entendimento e decisões que o sistema relacionado à razão e pragmatismo... Esses estudos reforçam a orientação sobre o comportamento do cliente nas ações de marketing e vendas: "de modo geral 80% das decisões humanas são tomadas com base na emoção e apenas 20% na razão. Impacte primeiramente pela emoção!"

O Sistema 1 emocional, captando uma quantidade gigantesca de informações a cada segundo, cria "atalhos" (automatismos) para os entendimentos, contextos e decisões. Ao entendermos como esses atalhos funcionam, podemos conscientemente provocá-los e influenciar poderosamente qualquer pessoa.

Exemplos de "ATALHOS":

- Preço evidencia qualidade (*"você recebe pelo que paga"*):

  Caro = Bom

  Barato = Ruim

- Ao se pedir algo a alguém, forneça sempre um MOTIVO:

  A palavra "PORQUE" desencadeia uma reação mais propícia ao consentimento, mesmo sem um motivo muito relevante. Use sempre a palavra "porque"!

- Palavra e opinião de *expert* tem muito peso:

  "Se um especialista disse isso, deve ser verdade."

- O contraste cria uma "**âncora referencial**":

  Algo parecerá menor, se você referenciar algo maior primeiro. Ofereça o artigo mais caro primeiro, pois ficará mais fácil vender o mais barato.

  Exemplo na venda de carros: após fechar um valor final de milhares de Reais, a percepção do cliente em pagar R$ 300 por um acessório parecerá um valor muito menor. Ofereça cada item separadamente!

Exemplo no setor imobiliário: utilizar o chamado "imóvel de preparação". Mostre casas em péssimo estado e muito caras, pois isso servirá de "âncora perceptiva" para facilitar as outras vendas. Após verem os "imóveis de preparação", os clientes ficarão muito mais receptivos e favoráveis às boas condições e preços dos outros imóveis. Essa técnica aumenta muito a boa negociação e o nível de conversão da venda, por visitas realizadas.

Daqui para frente, tratarei de cada um dos 6 princípios da persuasão avançada. Reflita sobre quais dicas podem ser utilizadas para o seu negócio e elabore novas abordagens: (1) Reciprocidade, (2) Coerência e Compromisso, (3) Aprovação Social, (4) Afeição, (5) Autoridade e (6) Escassez.

17.2.1. Princípio 1: Reciprocidade

O sentimento de gratidão é um poderoso influenciador de ações positivas de retribuição, deixando quem recebe o favor com uma sensação de que tem para com seu benfeitor uma "dívida de retorno". Frustrar essa regra de retribuição "quebra" o pacto social e quem não retribui é excluído do processo. Provoca também uma sensação positiva para com o benfeitor, fazendo quem recebe "gostar mais" dele.

Dicas para melhorar suas negociações, vendas e decisões favoráveis:

- Ofereça pequenos presentes ou amostras dos produtos:

  Garçons recebem mais gorjetas quando oferecem balas ou bombons ao entregarem a conta aos clientes.

- Ao solicitar algo a alguém, envie um pequeno presente mesmo que seja simbólico. O retorno favorável aumenta muito!

  Pedidos de doação por carta, quando acompanhados de etiquetas adesivas personalizadas, provocam quase o dobro da taxa de resposta, aumentando o valor final doado.

- Faça solicitações maiores, para conseguir o que você realmente quer. Quem pede mais, consegue mais! As pessoas evitam pedir porque a parte do cérebro que experimenta a rejeição é a mesma que experimenta a dor física, por isso a maioria das pessoas não quer correr o risco de receber um não, relacionado à dor física...

  Uma concessão gera na outra pessoa uma força de reciprocidade para também fazer uma concessão.

- Use a técnica de recuar para depois conquistar, também conhecida como "Técnica Porta na Cara"!

  Se quer vender um ingresso de R$ 80, ofereça primeiro um de R$ 150 e, após a recusa ("Porta da Cara"), ofereça o de R$ 80. Se você quer vender um terno de R$ 500, ofereça primeiro um de R$ 1.000 e após a recusa ofereça o terno de R$ 500. Ofereça primeiro a garantia estendida de 3 anos e, em caso de recusa, será mais fácil vender a garantia de 1 ano.

- Independentemente do resultado do seu esforço, nunca saia de mãos abanando, peça sempre indicações de amigos potencialmente interessados na sua oferta, para aborda-los futuramente.

- Sempre que pedir algo pessoalmente, balance a cabeça com o movimento positivo, como se estivesse dizendo "sim".

- Faça propostas com números específicos pois causam a sensação de esmero e dedicação. Por exemplo, o valor proposto de R$ 10.528,56 causa melhor impacto do que o valor redondo de R$ 10.000,00.

17.2.2. Princípio 2: Coerência e Compromisso

As pessoas desejam a sensação de serem e parecerem coerentes com o que já fizeram e disseram. Depois que fazem uma opção ou tomam uma posição, deparam-se com pressões pessoais e interpessoais exigindo que se comportem de acordo com esse compromisso. Essas pressões fazem os indivíduos reagirem de maneiras que justifiquem suas decisões anteriores, pois um alto grau de coerência costuma estar associado à força pessoal e intelectual. Manter compromissos coerentes poupa energia – atalho para o "automatismo mental".

Dicas para melhorar suas negociações, vendas e decisões favoráveis:

- Instigue o compromisso de compra e frustre-a, para estimular compras futuras (CUIDADO ao usar essa dica!!): o mercado de brinquedos, por vezes, faz publicidade de brinquedos específicos no natal mas coloca poucas peças para venda, fazendo os pais que prometeram esses brinquedos aos filhos comprarem novamente após o natal, caso não tenham conseguido comprar a tempo.

- Faça os clientes se comprometerem por escrito, com registro, explicitamente.

  Peça a assinatura dos clientes e a confirmação formal.

- Faça os clientes dizerem coisas boas sobre si mesmos e sobre o seu negócio, depois ofereça o seu produto ou serviço.

  Isso vale para todos os setores e pedidos de doações: inicie com "Tudo bem com o senhor?" "Como você está se sentindo hoje?".

- Após a venda, faça o cliente reforçar as boas razões e o compromisso da escolha feita.

  "Será que você poderia me dizer exatamente por que optou por comprar esse produto/serviço de nossa empresa?"

- Ganhe uma negociação pequena e evolua para maiores. Essa técnica é conhecida como "Pé Na Porta"!

  A estratégia inicial é menos o lucro, ou fechar o pacote completo da negociação, e mais a garantia do compromisso do interlocutor, obtendo a oportunidade de ganhar tempo para conquista-lo e demonstrar que pode negociar ou vender maiores quantidades.

- Faça o cliente, não o vendedor ou funcionário, preencher todo ou parte significativa do acordo de venda. As pessoas honram muito mais aquilo que escrevem!

- Faça as pessoas falarem bem da empresa, dos produtos, das experiências e manifestarem apoio, por escrito e explicitamente.

  Faça concursos para completar com elogios e reconhecimento das vantagens a frase: "Gosto do produto X / Empresa Tal porque _____ "

  Também funciona como campanha interna, com seus colaboradores: melhora o clima e o apoio à sua própria empresa.

- Exponha as metas de todas as áreas, as metas gerais da empresa e os resultados atingidos, dando visibilidade e gerando maior compromisso por parte de todos – gestão à vista!

- Peça que a pessoa confirme a presença ou avise caso mude de ideia:

  "Você confirma o comparecimento na data tal?"

  "Você poderia nos ligar, por favor, caso mude seus planos?"

- Instigue que o compromisso reforce a sua própria sustentação. Técnica da Bola Baixa (CUIDADO ao utilizar essa técnica!!)

  Consiste em oferecer um estímulo ao cliente para que tome uma decisão. Após algum tempo, o estímulo é retirado.

Exemplo das concessionárias de automóveis: o vendedor informa um preço menor que a concorrência, instiga o cliente a preencher os papéis da compra, providenciar as condições de financiamento, fazer *test drives* prolongados etc. Há uma supervalorização no valor do carro usado apresentado, como parte da troca para a compra do novo. Após algum tempo, no entanto, um "erro nos cálculos" aparece, o preço final é revisado para cima mas o cliente já tomou a decisão, está muito emocionalmente envolvido e dificilmente recua... O alto envolvimento emocional é a condição ideal para que ele aceite pagar mais.

- O cérebro humano faz em torno de 30.000 escolhas por dia, a maioria muito simples, o equivalente a quase 11 milhões de decisões por ano. Você precisa reduzir o esforço mental dos seus clientes, facilitando o processo de escolha e decisões de compra. Seu desafio será equilibrar a quantidade de alternativas, nem muito nem pouco, tendo pelo menos 3 opções para facilitar a vida de quem decide...

17.2.3. Princípio 3: Aprovação Social

De modo geral, descobrimos o que é correto observando o que as outras pessoas acham que é correto. Consideramos um comportamento adequado, em dada situação, na medida em que o vemos ser seguido pelos outros. Esse princípio pode ser usado para estimular o consentimento de uma pessoa a um pedido, informando-a que vários outros indivíduos (quanto mais melhor) estão concordando ou já concordaram com aquela solicitação. Essa abordagem é mais poderosa sob duas condições: incerteza (insegurança ou ambiguidade) e semelhança (exemplos de pessoas parecidas).

Dicas para melhorar suas negociações, vendas e decisões favoráveis:

- Para estimular a venda de um produto, informe que "é o que mais vende".

- Você também pode dizer que "o produto está entre os 3 ou 5 mais bem avaliados pelos clientes da empresa".

- Liste e apresente as pessoas que já aceitaram os termos do seu acordo ou contribuíram com dinheiro, numa campanha. Priorize os líderes e formadores de opinião.

- "Tempere" suas ofertas com relatos de indivíduos que compraram o produto ou negociaram com você. Use pessoas semelhantes ao seu interlocutor para fortalecer a persuasão.

- Mostre vídeos com clientes satisfeitos comprando seus produtos e fazendo elogios à empresa.

- Se quiser que clientes tenham atitudes novas ou determinado comportamento, contrate atores para se passarem por clientes e agirem como gostaria que seus clientes agissem. Eles imitarão e aprenderão.

- Solicite e coloque "depoimentos espontâneos" positivos (textos ou vídeos) de clientes no seu site e redes sociais.

- Ao abordar pessoas ou empresas para venda direta ou consultiva, use exemplos de clientes com características, setores da economia e perfis parecidos com os delas.

- Use "gente como a gente" em suas campanhas, para aumentar o impacto.

- Imagens bonitas e design agradável, com mensagens e apresentações objetivas, aumentam significativamente o impacto da sua comunicação.

- O "último ato" marca muito a percepção das pessoas. Capriche no encerramento das reuniões, palestras, conversas e negociações.

17.2.4. Princípio 4: Afeição

A mente humana é condicionada e prefere dizer SIM aos pedidos de pessoas que conhece e de quem gosta... Nesse sentido, a atratividade física igualmente aumenta a afeição porque gera o chamado "efeito halo" ou "efeito auréola": a sensação de que onde há atração potencialmente há talento, gentileza, inteligência etc. A semelhança também aumenta a afeição e o consentimento, assim como os elogios sinceros (sem exageros!) e o senso de familiaridade, por meio do contato repetido em circunstâncias positivas com a pessoa ou objeto. Por isso, a associação de pessoas ou produtos com emoções e coisas positivas aumenta a afeição e o desejo de adquiri-los...

Dicas para melhorar suas negociações, vendas e decisões favoráveis:

- Faça as pessoas gostarem e lembrarem de você: sorriso e cordialidade sempre! Projete levemente seu corpo na direção da pessoa, olhe diretamente em seus olhos, demonstre interesse pelo que ela diz, balance a cabeça positivamente e faça perguntas sobre o assunto. De 50% a 80% do sucesso da comunicação estão ligados à linguagem corporal...

- Peça aos seus clientes, conhecidos e familiares várias indicações de amigos que potencialmente poderiam gostar do seu produto ou serviço. Aborde-os inicialmente dizendo que foi indicação do amigo dele "fulano de tal".

- Ofereça algo que encante, com preço justo e seja aquele de quem todos gostariam de comprar: sorriso, cordialidade, real interesse pelo cliente, promessas cumpridas.

- Capriche sempre no visual, para aumentar sua atratividade física e provocar o "efeito halo": sensação de mais talento, gentileza, honestidade e inteligência. Os cinco primeiros segundos são cruciais para você causar uma ótima impressão. Estudos recentes demonstraram que as avaliações sobre uma pessoa após cinco segundos e após uma hora eram quase idênticas!

- Busque pistas para demonstrar semelhança com os clientes: esportes, hábitos, hobbies, leituras, qualquer coisa. Faça-os falar e ouça com atenção, para identificar afinidades!

- Espelhe (imite!) discretamente a postura corporal, estilo, ritmo e tom de voz do cliente. Inconscientemente as pessoas gostam de pessoas parecidas com elas mesmas.

- Elogie com sinceridade! Anote a data de aniversário, outras datas importantes e ligue para pessoa felicitando-o e reforçando a sua estima. Todos gostam de se sentirem especiais, lembrados e "adulados". Evite mandar mensagens de texto, ligue e converse diretamente.

- Apareça sempre e de forma adequada nas redes sociais e profissionais, eventos e locais onde seus clientes e pessoas que quer influenciar frequentam. Lembre-se que a familiaridade aumenta a afeição.

- Associe conscientemente a sua imagem, produtos e serviços a coisas e emoções boas. Selecione atendentes com boa aparência física e mostre sempre imagens de cartões de crédito, pois estimulam o desejo de comprar mais.

- Associe seus produtos, serviços e termos da negociação ao que estiver ocorrendo de positivo no momento. Aproveite o "poder da mídia"! A associação não precisa ser lógica, basta que seja positiva...

- Use na publicidade artistas, atletas e celebridades queridas para "emprestarem" o carisma ao que você quer vender ou apresentar.

- Faça as pessoas comerem, pois estarão mais dispostas a gastar, gostar de você e das suas ofertas na negociação. A comida em geral provoca uma sensação boa e favorável ao acordo.

- Tenha sempre à disposição chocolates, balas, café e bebidas quentes. Esses alimentos, em especial, deixam as pessoas mais propensas a concordarem com suas argumentações coerentes. Bebidas quentes geram uma boa sensação de cordialidade com relação aos outros.

- Chame as pessoas pelo nome, fazendo-as se sentirem lembradas e únicas! Essa afeição fará que as portas se abram mais facilmente para você em suas negociações.

- Ao apertar a mão de alguém, toque levemente também o braço ou faça o aperto de mão duplo, segurando ambas as mãos da pessoa. Esses contatos estimulam a liberação no cérebro do hormônio Oxitocina, que estimula a empatia e interação social.

- Para sentir-se melhor e ter boas ideias, caminhe em um ambiente novo ou deite-se de costas por um ou dois minutos. Isso reduz os hormônios relacionados ao estresse, faz o cérebro esvaziar a memória de curto prazo e liberar espaço para assimilação de novas informações.

- Anote suas ideias e pensamentos, pois o cérebro acalma e a ansiedade reduz quando está tudo escrito e você pode se lembrar com facilidade. O medo de esquecer é um gatilho para o início do estresse.

- A cor verde acalma. Quando sentir ansiedade, procure algo verde e olhe por algum tempo.

- A temperatura ideal para maximizar a produtividade do ser humano é em torno de 22° Celsius. Agora vc tem uma referência para acabar com a antiga briga interna sobre qual é a temperatura ideal para o escritório e empresa!

17.2.5. Princípio 5: Autoridade

Há fortes pressões sociais e psicológicas para que as pessoas obedeçam aos pedidos de uma autoridade, pois costuma trazer bons resultados, pelos níveis de conhecimento, sabedoria e poder que os especialistas detêm. Além disso, um sistema de autoridade complexo e aceito confere vantagens à sociedade: ganho de tempo, produção de recursos, comércio, defesa, expansão e controle social, transmissão de experiências e decisões acertadas. Em razão disso, as pessoas geralmente apresentam uma tendência a reagir automaticamente a símbolos de autoridade: títulos, postura do corpo, roupas e automóveis são os principais.

Dicas para melhorar suas negociações, vendas e decisões favoráveis:

- Faça campanhas e peças publicitárias utilizando especialistas reais e atores consagrados por atuações como especialistas (atuação como médicos em documentários e séries, por exemplo), pois se mostraram eficazes para persuadir a audiência.

- Mostre seus títulos, capriche nos trajes e símbolos de poder como automóveis, relógios, joias e acessórios de marca.

- Aumente a sua altura, pois ela está relacionada à percepção de poder e autoridade. Use "palmilhas especiais" nos sapatos.

- Use roupas elegantes para aumentar nas pessoas a sensação de autoridade. Sua aparência influencia decisivamente e será a base da primeira impressão que farão sobre você!

- Reconheça uma falha ou defenda algo menor contra seus próprios interesses, para "provar" sua honestidade e imparcialidade. Ao verificar que realmente ocorreu um erro, assuma-o prontamente, peça desculpas e se comprometa a corrigi-lo imediatamente, dando algum benefício compensatório a quem foi prejudicado.

- Use as chamadas "pressuposições persuasivas", palavras que pressupõem que tudo o que se segue é verdade ou assumem que é verdade. Isso é poderoso porque é facilmente aceito pelo sistema 1 (intuitivo e emocional). Exemplos de pressuposições persuasivas: evidentemente, obviamente, naturalmente, seguramente, finalmente, certamente, repare e testemunhe.

   Seguramente, você consegue ver o valor dessas informações e tomar a decisão necessária ainda hoje.

Finalmente, uma oportunidade valiosa para adquirir o conhecimento necessário para a aquisição de um serviço de alto valor agregado. **Naturalmente**, você consegue **reparar** o poder que tem para mudar os rumos da empresa, **obviamente** de acordo com a estratégia e **testemunhando** o seu próprio sucesso.

- Em decisões ou negociações importantes, providencie pareceres de especialistas sobre o tema, para fundamentar a sua linha de raciocínio e capacidade de convencimento.

- Antes de um evento ou reunião, faça a "postura vitoriosa": braços levantados e peito estufado para frente. Faça também a "postura do super-herói": mãos na cintura, cabeça erguida, corpo bem ereto e pés separados. Elas evoluíram em milhares de anos, provocando o aumento dos níveis de testosterona (sensação de bem-estar) e redução dos níveis do hormônio cortisol (relacionado ao estresse).

- Em reuniões, sente-se na ponta da mesa e um pouco distante dela, comparado aos demais. Esse lugar e postura causam a sensação de que você é o líder do grupo.

- Use frases que rimam, pois soam mais verdadeiras. Exemplos: "inovação sem execução é alucinação", "pau que dá em Chico, dá em Francisco", "água mole em pedra dura, tanto bate até que fura", "é melhor feito do que perfeito" etc.

17.2.6. Princípio 6: Escassez

As pessoas atribuem mais valor a oportunidades quando elas estão menos disponíveis, pois usam atalhos para a decisão: (1) as coisas difíceis de se obter são mais valiosas e (2) a menor acessibilidade provoca uma sensação de perda da liberdade de escolha, ocasionando uma reação de forte desejo pela reconquista da liberdade, juntamente com os bens e serviços associados. O chamado "princípio da reatância psicológica" é muito forte: as pessoas detestam qualquer tipo de perda e farão tudo para manter os benefícios conquistados! Importante: itens recém-escasseados são mais valorizados e quanto maior a competição pelo recurso escasso, maior a atração.

Dicas para melhorar suas negociações, vendas e decisões favoráveis:

- Use a tática do "número ou quantidade limitada", onde o cliente é informado que certo produto ou serviço não pode ser garantido por muito tempo.

- Use a técnica do "infelizmente vendi essa peça há menos de 20 minutos atrás e, se não me engano, era a última…" Os clientes ficarão loucos! Logo e seguida complemente com "mas de repente há alguma escondida no estoque, se eu conseguir encontrar você vai levar?" Volte com o produto e o pedido da venda!

- Enfatize sempre as potenciais perdas e problemas, caso o cliente não adquira o seu produto ou serviço, fazendo o cliente sentir a angústia de uma situação ruim. Somente depois fale dos benefícios e ganhos potenciais. Lembre-se que todos detestam a perda!

- Use a técnica do "tempo limitado" para uma oferta ou promoção. Exemplo: "essas condições são válidas apenas hoje ou apenas essa semana".

- Informações exclusivas ou restritas tem mais valor. Quando de fato for alguma informação específica, diga explicitamente isso ao cliente!

- Afirme que o seu produto ou serviço, antes muito disponível, está passando por alguma restrição. As pessoas consideram algo mais desejável quando se torna recentemente menos disponível do que quando sempre foi escasso.

- Diga que outros clientes estão interessados! A competição (perda para um rival) instiga fortemente o desejo de compra. Combine escassez com rivalidade, é tiro e queda!

- Marque visitas com potenciais compradores no mesmo horário ou em horários onde possam se encontrar! Isso funciona mais para setores como vendas de automóveis, imóveis, produtos físicos etc. Quando um rival aparece, a decisão pela compra acelera…

Para todas essas dicas, é fundamental você pensar no que funciona especificamente para o seu negócio. Estruture tudo, converse e ensine suas equipes, treine bastante e aplique com disciplina. Provocar decisões a seu favor, de forma consciente e inteligente, pode ser a diferença entre o sucesso ou fracasso. Agora que você sabe como fazer, faça com planejamento e DOBRE SEUS RESULTADOS!

18. *CHECKLIST* FINAL

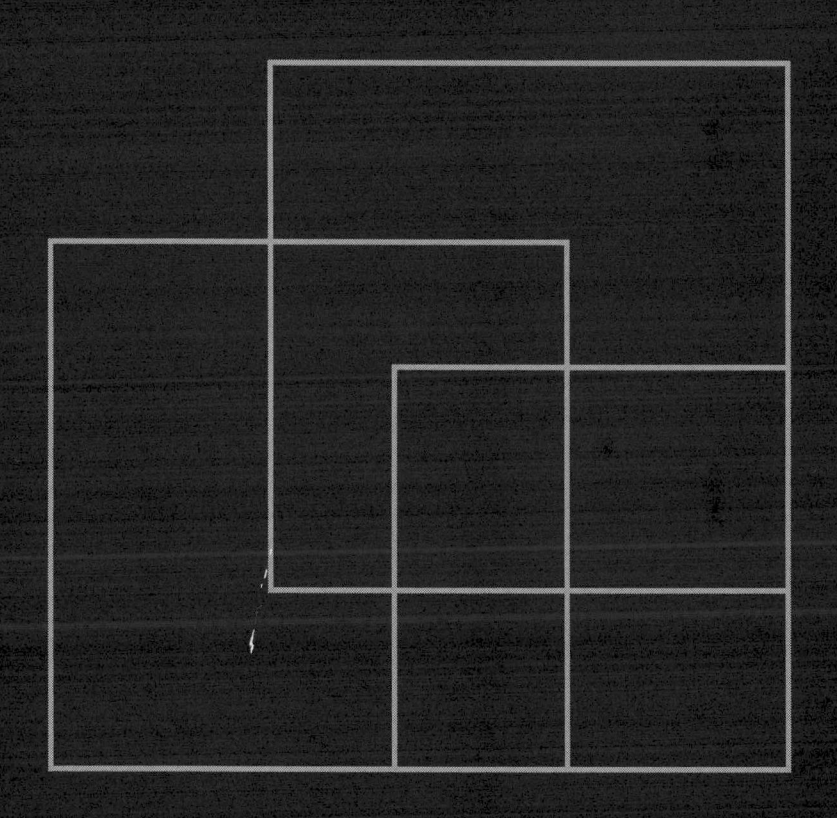

Após todos os conteúdos e orientações para dobrar seus resultados, agora você é capaz de responder o *checklist* abaixo:

1. Quais benefícios e valores nossos clientes, ou grupos de clientes, buscam em nossos produtos, serviços e pessoas?

2. Como nosso negócio será um sucesso no presente?

3. Qual é o nosso "sonho grande", que nos guiará para a posição futura desejada?

4. Quais princípios e valores guiam nosso entendimento de mundo e decisões?

5. Quais são os objetivos estratégicos (resultados prioritários), os indicadores e as metas de desempenho da nossa organização?

- Resultados econômico-financeiros (aumento das receitas, lucro líquido, redução dos custos e despesas, investimentos etc.):

- Resultados em clientes e mercados (produtos e serviços, marca e reputação, inovação, programas de relacionamento, preços, inteligência de mercado etc.):

- Resultados em processos internos (produtividade, procedimentos padrões, melhor uso dos ativos, redução dos custos e despesas etc.):

- Resultados em aprendizado e crescimento (infraestruturas, gestão do conhecimento, cultura organizacional, lideranças e pessoas etc.):

6. Quais são os objetivos estratégicos (resultados prioritários), os indicadores e as metas de desempenho das unidades de negócio, áreas e indivíduos?

7. Qual será o posicionamento estratégico da organização (extensivo aos produtos e serviços), para construirmos a percepção de mercado que desejamos?

8. Quais são nossos diferenciais competitivos, que nos colocam numa posição superior à dos principais concorrentes?

9. Quais são os produtos e serviços mais adequados para cada segmento de clientes?

10. Qual a melhor forma de acompanhar a evolução do comportamento e perfil dos segmentos de clientes e potenciais clientes?

11. Quais informações internas e externas precisamos monitorar, com qual periodicidade, para antecipadamente identificarmos riscos, ameaças e oportunidades?

12. Como definir os orçamentos de manutenção e investimentos, para implementar bem o planejamento estratégico em todos os níveis da organização?

13. Com qual periodicidade e como os responsáveis pelos objetivos estratégicos apresentarão os resultados, para as padronizações e correções necessárias?

14. Quem são e como desenvolver continuamente nossos líderes para o alto desempenho, fortalecendo o amadurecimento profissional e pessoal?

15. Como desenvolver continuamente nossas pessoas e equipes para o alto desempenho, contribuindo para seu amadurecimento profissional e pessoal?

16. Como implementar um sistema de remuneração e premiação, para reconhecer as pessoas pelas entregas pactuadas de resultados (estratégicas, táticas e operacionais)?

17. Quais conhecimentos, habilidades e atitudes precisamos formar e estimular nossas pessoas, para avançarmos com coerência e consistência nos resultados.

18. Como implementar e fortalecer nossas ferramentas e gestão profissional?

19. Quais parcerias e alianças estratégicas faremos, para potencializarmos nossa competitividade e resultados?

20. O que podemos fazer, no dia a dia, para evoluirmos e prosperarmos cada vez mais?

Como mensagem final, quero enfatizar que para aumentar permanentemente o seu sucesso, você precisa implementar com disciplina o planejamento e gestão estratégica, foco competitivo, equipe comprometida com os resultados, gestão profissional, inovação na medida certa, indicadores e metas, aumento da produtividade, cultura que valoriza a meritocracia, humildade para aprender, liderança alinhada, coordenação entre as áreas, bom fluxo de caixa e lucros, equilíbrio entre presente e futuro...

Convido-o novamente a se juntar à nossa rede de excelência (www. facebook.com/carloscaixetaonline e www.carloscaixeta.com.br) e contar suas experiências e aprendizados. Esses retornos positivos, vindos de todos que se empenham em perseguir a excelência, com os quais também tenho aprendido muito nos últimos anos, me honram e incentivam. Convido-o também para ler o livro "Dobre Suas Receitas e Fortaleça Sua Reputação: estratégia, vendas, marketing e persuasão", evoluindo ilimitadamente. Siga firme em frente, jamais desanime! Estamos sempre juntos.

REFERÊNCIAS

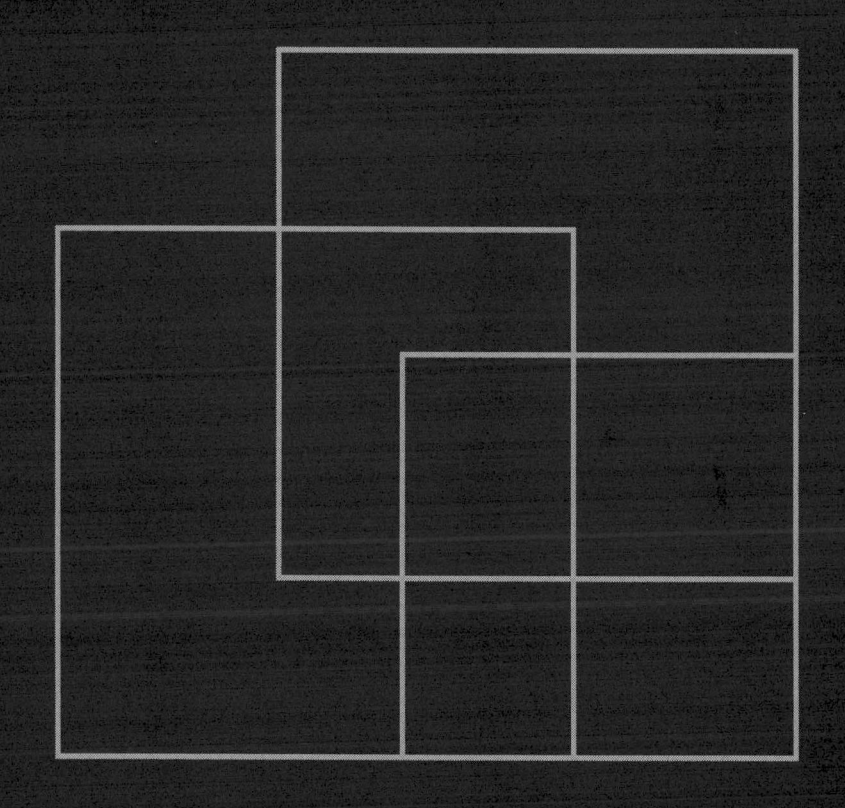

AXELROD, A. *Júlio César CEO: 6 princípios para guiar e inspirar líderes contemporâneos.* Rio de Janeiro: Elsevier, 2013.

BAIN &COMPANY. *Artigos e estudos* em www.bain.com

CAIXETA, C. *Dobre Suas Receitas: dicas poderosas de marketing, vendas, estratégia e persuasão.* Belo Horizonte: Letramento, 2016.

CAIXETA, C. G. F; CAIXETA, M. L. *Memória e Cultura Organizacional nas Decisões Estratégicas.* Revista Dom (Fundação Dom Cabral), v. 1, p. 72-79, 2014.

CAIXETA, C. G. F. *Foco estratégico, Eficiência Operacional e Treinamento Intenso.* Revista Dom (Fundação Dom Cabral), v. 1, p. 118, 2014.

CAIXETA. C. G. F.; CAIXETA, M. L. *Empresas, Clientes e Mercados 3.0 – desafios para a estratégia e o marketing.* Revista Dom (Fundação Dom Cabral), v. 14, p. 16-23, 2011.

CAIXETA, C. G. F. *Competitividade brasileira: um estudo da reputação de empresas nacionais por meio das dimensões governança, desempenho e produtos e serviços.* 2008. 130f. Dissertação (Mestrado em Administração) – Pontifícia Universidade Católica de Minas Gerais e FDC, Belo Horizonte.

CAIXETA, C. G. F. *Artigos e ferramentas de implementação* em www.carloscaixeta.com.br e www.facebook.com/carloscaixetaonline.

CHARAM, R. *O Líder Criador de Líderes: a gestão de talentos par garantir o futuro e a sucessão.* Rio de Janeiro: Elsevier, 2008.

CHARAM, R.; DROTHER, S.; NOE, J. *Pipeline de Liderança: o desenvolvimento de líderes como diferencial competitivo.* Rio de Janeiro: Campus, 2013.

CHARAM, R.; BOSSIDY, L. *Execução: a disciplina para atingir resultados.* Rio de Janeiro: Elsevier, 2004.

CIALDINI, R. B. *Pré-Suasão: a influência começa antes mesmo da primeira palavra.* Rio de Janeiro: Sextante, 2017.

CIALDINI, R.; GOLDSTEIN, N. J; MARTIN, S. J. *Persuasão e influência: como pequenas mudanças pode gerar grandes resultados.* São Paulo: HSM, 2016.

CIALDINI, R. B. *As armas da persuasão: como influenciar e não se deixar influenciar.* Rio de Janeiro: Sextante, 2012.

CIALDINI, R.; GOLDSTEIN, N. J; MARTIN, S. J. *Sim! 50 segredos da ciência da persuasão.* Rio de Janeiro: BestSeller, 2009.

COLLINS, J.; HANSEN T. M. *Vencedoras por opção: incerteza, caos e acaso – por que algumas empresas prosperam apesar de tudo.* São Paulo: HSM Editora, 2012.

COLLINS, J. *Empresas feitas para vencer.* São Paulo: HSM Editora, 2008.

COLLINS, J. *Como as gigantes caem: e porque algumas jamais desistem.* Rio de Janeiro: Campus, 2010.

COLLINS, J.; Porras, J. *Feitas para durar: práticas bem-sucedidas de empresas visionárias.* Rio de Janeiro: Rocco, 1995.

CORREA, C. *Sonho Grande: Como Jorge Paulo Lemann, Marcel Telles e Beto Sicupira revolucionaram o capitalismo e conquistaram o mundo.* Rio de Janeiro: Sextante, 2013.

DAMÁZIO, L. F.; CAIXETA, C. G. F. *Inteligência a serviço da estratégia.* Revista DOM (Fundação Dom Cabral), v. 08, p. 8-13, 2009.

DIMITRIUS, J. E.; MAZZARELLA, M. *Decifrar pessoas: como entender e prever o comportamento humano.* São Paulo: Alegro, 2003.

DRUCKER, P. *Marketing para o século XXI: Como criar, conquistar e dominar mercados.* São Paulo: Futura, 2004.

ELLIS, J. *Perfected mind control: the unauthorized black book of hypnotic mind control.* USA: Mindcontrol, 2007.

FREEMAN, P. *Julius Caesar.* New York: Simon and Schuster, 2008.

FUNDAÇÃO DOM CABRAL. *Artigos e estudos* em www.fdc.org.br

HARVARD BUSINESS REVIEW. *Artigos e estudos* em www.hbr.org

HOOLEY, G. J.; SAUNDERS, J. A.; PIERCY, N. F. *Estratégias de marketing e posicionamento competitivo.* 4ª Edição. São Paulo: Prentice Hall, 2011.

KAHNEMAN, D. *Rápido e devagar: duas formas de pensar.* Rio de Janeiro: Editora Objetiva Ltda, 2011.

KIM, C.; MAUBORGNE, R. *A estratégia do Oceano Azul: como criar mercado e tornar a concorrência irrelevante.* Lisboa: Actual Editora, 2016.

KOTLER, P; KELLER, K. L. *Administração de Marketing.* 14ª edição. São Paulo: Prentice Hall, 2013.

MCKINSEY & COMPANY. *Artigos e estudos* em www.mckinsey.com

PAYMENT, S. *Navy Seals*. Estados Unidos: ROSEN PUB GROUP, 2006.

MINTZBERG, H.; LAMPEL, J.; QUINN, J. B.; GOSHAL, S. *O Processo da Estratégia*. Porto Alegre: Bookman, 2006.

RIEL, V.; CEES, B. M. *Reputação: o Valor Estratégico do Engajamento de Stakeholders*. São Paulo: Elsevier, Campus, 2013.

RIES, A; TROUT, J. *Posicionamento: a batalha por sua mente*. 2ª ed. São Paulo: Makron Books, 2009.

ROBBINS, A. *Poder Sem Limites*. 12ª ed. São Paulo: Best Seller, 2010.

SULL, D.; HOMKES, R.; SULL, C. *Por que a execução da estratégia falha – e o que fazer a respeito*. Harvard Business Review, 93, 58-66, 2015.

THALER, R. H.; SUNSTEIN, C.R. *Nudge: improving decisions about health, wealth, and happiness*. USA: Yale University Press, 2008.

TRACY, B. *Comece pelo mais difícil: 21 ótimas maneiras de superar a preguiça e se tornar altamente eficiente e produtivo*. Rio de Janeiro: Sextante, 2017.

TREACY, M.; WIERSEMA, F. *The discipline of market leaders: choose your customers, narrow your focus, dominate your market*. USA: Addison Wesley, 1995.

YOFFIE, D. B.; CUCUMANO, M. A. *Gigantes da Estratégia*. Rio de Janeiro: Best Business, 2016.

WASDIN, H. E.; TEMPLIN, S. *Seal Team Six: Memoirs of an Elite Navy Seal Sniper*.Estados Unidos: St. Martin's Press, 2012.

Grupo
Editorial
LETRAMENTO